Marketing cultural: da consolidação de marcas à promoção de artistas

Flávia Helena de Almeida Spirlandeli
Dayanna dos Santos Costa Maciel

Rua Clara Vendramin, 58 · Mossunguê · CEP 81200-170 · Curitiba · PR · Brasil
Fone: (41) 2106-4170 · www.intersaberes.com · editora@intersaberes.com

Conselho editorial
Dr. Alexandre Coutinho Pagliarini
Drª Elena Godoy
Dr. Neri dos Santos
Dr. Ulf Gregor Baranow

Editora-chefe
Lindsay Azambuja

Gerente editorial
Ariadne Nunes Wenger

Assistente editorial
Daniela Viroli Pereira Pinto

Edição de texto
Mycaelle Albuquerque Sales
Palavra do Editor
Guilherme Conde Moura Pereira

Capa
Cynthia Burmester do Amaral
Charles L. da Silva (*design*)
prostomaria/Shutterstock (imagem)

Projeto gráfico
Conduta Design (*design*)
blurAZ/Shutterstock (imagem)

Diagramação
Charles L. da Silva

Equipe de *design*
Débora Gipiela
Charles L. da Silva

Iconografia
Regina Claudia Cruz Prestes

Dados Internacionais de Catalogação na Publicação (CIP)
(Câmara Brasileira do Livro, SP, Brasil)

Spirlandeli, Flávia Helena de Almeida
  Marketing cultural: da consolidação de marcas à promoção de artistas/ Flávia Helena de Almeida Spirlandeli, Dayanna dos Santos Costa Maciel. Curitiba: InterSaberes, 2022. (Série Teoria e Prática das Artes Visuais)

  Bibliografia.
  ISBN 978-65-5517-411-3

  1. Artistas 2. Cultura – Aspectos econômicos 3. Diversidade cultural 4. Marketing cultural 5. Planejamento estratégico 6. Política cultural I. Maciel, Dayanna dos Santos Costa. II. Título. III. Série.

21-79974   CDD-700

Índices para catálogo sistemático:
1. Marketing cultural: Artistas: Artes   700
Cibele Maria Dias – Bibliotecária – CRB-8/9427

1ª edição, 2022.

Foi feito o depósito legal.

Informamos que é de inteira responsabilidade das autoras a emissão de conceitos.

Nenhuma parte desta publicação poderá ser reproduzida por qualquer meio ou forma sem a prévia autorização da Editora InterSaberes.

A violação dos direitos autorais é crime estabelecido na Lei n. 9.610/1998 e punido pelo art. 184 do Código Penal.

Sumário

Apresentação ... 7
Como aproveitar ao máximo este livro ... 9

1 **Marketing cultural** ... 15
    1.1 Marketing: histórico e fundamentos ... 18
    1.2 Da cultura ao marketing cultural: projetos culturais e divulgação de eventos ... 30
    1.3 O artista e o marketing ... 45

2 **Contextualização dos mercados** ... 79
    2.1 Panorama do mercado: conceitos e funcionamento ... 82
    2.2 Mercado cultural: desenvolvimento e desafios ... 85
    2.3 Economia: histórico brasileiro e fundamentos ... 93
    2.4 Comportamento do consumidor: aspectos interferentes e técnicas de análise ... 100

3 **Financiamento cultural** ... 115
    3.1 Análise da produção e do consumo cultural ... 118
    3.2 Sistemas de financiamento cultural ... 127
    3.3 Leis de incentivo cultural ... 131
    3.4 Políticas culturais ... 136
    3.5 Investimentos privados em cultura ... 148

4 **Marketing e responsabilidade social** ... 159
    4.1 Marketing social e responsabilidade social corporativa ... 162
    4.2 Marketing social, marketing cultural e responsabilidade social ... 170

5 **Tópicos avançados de marketing cultural e marketing para artistas** ... 187
    5.1 Marketing cultural: componentes e processos ... 190
    5.2 Marketing cultural e projeto cultural: etapas e estratégias ... 196
    5.3 Estratégias de marketing avançadas para músicos e escritores ... 208

Considerações finais 217
Referências 219
Bibliografia comentada 227
Sobre as autoras 229

Apresentação

O marketing cultural emergiu atrelado à necessidade de captação de investidores para a concretização de práticas e eventos culturais. Esse patrocínio não apenas auxilia profissionais e projetos como também proporciona às empresas investidoras aumento no lucro e nas vendas, maior proximidade com o cliente, acréscimo de valor à marca, construção de uma imagem corporativa positiva e, por conseguinte, inúmeros diferenciais mercadológicos.

Tal financiamento, contudo, deve visar sobretudo aos ganhos sociais, já que as empresas precisam ter uma conduta que seja também socialmente responsável. O principal objetivo aqui é a promoção da cultura e seu acesso por parte da comunidade em diversas modalidades. Isso tem o potencial de redesenhar as relações sociais, o contexto em que vivemos, contribuindo para um mundo mais igualitário, democrático e diverso.

Nesta obra, discutiremos essas e outras questões em detalhes. No Capítulo 1, abordaremos o desenvolvimento do marketing, seus fundamentos, suas estratégias e os principais conceitos que sua execução envolve (perfis de clientes, plano de marketing etc.). Além disso, trataremos do marketing para artistas e do marketing pessoal para artistas, definindo também produto cultural e sua relação com seus criadores.

Nos Capítulos 2 e 3, enfocaremos aspectos econômicos e normativos, examinando os conceitos de mercado e mercado cultural e sua contextualização no âmbito brasileiro (avanços, retrocessos etc.), assim como sistemas, leis e políticas de financiamento cultural.

Por sua vez, no Capítulo 4, enfatizaremos a pertinência e os impactos de um marketing vinculado à responsabilidade social. Por fim, no Capítulo 5, como oportunidade de adensar e ampliar os conhecimentos construídos em capítulos anteriores, apresentaremos estratégias e conceitos avançados de marketing cultural e marketing para artistas.

Como aproveitar ao máximo este livro

Empregamos nesta obra recursos que visam enriquecer seu aprendizado, facilitar a compreensão dos conteúdos e tornar a leitura mais dinâmica. Conheça a seguir cada uma dessas ferramentas e saiba como estão distribuídas no decorrer deste livro para bem aproveitá-las.

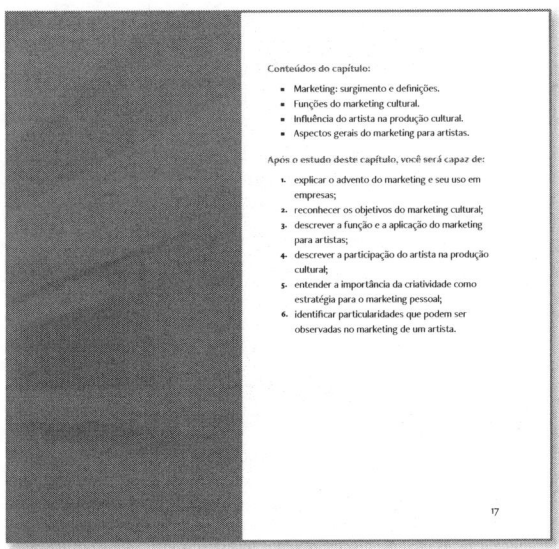

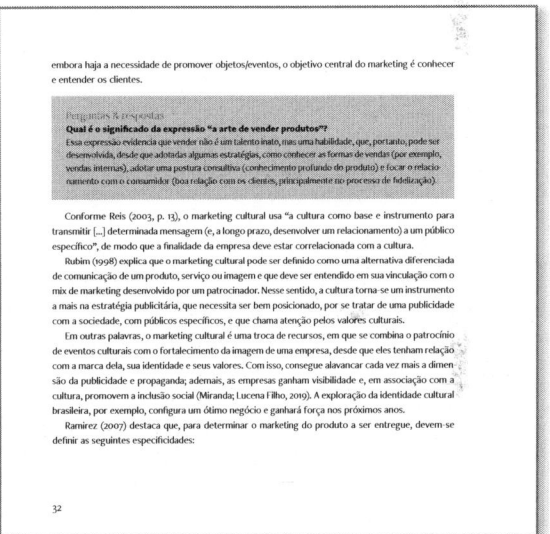

Conteúdos do capítulo:

Logo na abertura do capítulo, relacionamos os conteúdos que nele serão abordados.

Após o estudo deste capítulo, você será capaz de:

Antes de iniciarmos nossa abordagem, listamos as habilidades trabalhadas no capítulo e os conhecimentos que você assimilará no decorrer do texto.

Perguntas & respostas

Nesta seção, respondemos às dúvidas frequentes relacionadas aos conteúdos do capítulo.

O que é

Nesta seção, destacamos definições e conceitos elementares para a compreensão dos tópicos do capítulo.

Exemplo prático

Nesta seção, articulamos os tópicos em pauta a acontecimentos históricos, casos reais e situações do cotidiano a fim de que você perceba como os conhecimentos adquiridos são aplicados na prática e como podem auxiliar na compreensão da realidade.

Exercícios resolvidos

Nesta seção, você acompanhará passo a passo a resolução de alguns problemas complexos que envolvem os assuntos trabalhados no capítulo.

Para saber mais

Sugerimos a leitura de diferentes conteúdos digitais e impressos para que você aprofunde sua aprendizagem e siga buscando conhecimento.

Estudo de caso

Nesta seção, relatamos situações reais ou fictícias que articulam a perspectiva teórica e o contexto prático da área de conhecimento ou do campo profissional em foco com o propósito de levá-lo a analisar tais problemáticas e a buscar soluções.

Síntese

Ao final de cada capítulo, relacionamos as principais informações nele abordadas a fim de que você avalie as conclusões a que chegou, confirmando-as ou redefinindo-as.

Bibliografia comentada

Nesta seção, comentamos algumas obras de referência para o estudo dos temas examinados ao longo do livro.

Marketing cultural

Conteúdos do capítulo:

- Marketing: surgimento e definições.
- Funções do marketing cultural.
- Influência do artista na produção cultural.
- Aspectos gerais do marketing para artistas.

Após o estudo deste capítulo, você será capaz de:

1. explicar o advento do marketing e seu uso em empresas;
2. reconhecer os objetivos do marketing cultural;
3. descrever a função e a aplicação do marketing para artistas;
4. descrever a participação do artista na produção cultural;
5. entender a importância da criatividade como estratégia para o marketing pessoal;
6. identificar particularidades que podem ser observadas no marketing de um artista.

O marketing está presente em várias situações cotidianas: ao acessar uma página na internet, ao conferir as redes sociais e, principalmente, ao caminhar pelas ruas. Você sabia que ele desempenha diversas funcionalidades no âmbito empresarial? Uma delas concerne ao uso da cultura como meio de comunicação para promover algum produto ou uma imagem positiva de determinada empresa, tendo em vista que a cultura afeta significativamente a economia dos países. Disso emerge o chamado *marketing cultural*, por meio do qual essas instituições se aproximam da sociedade e de seus clientes – com o patrocínio de eventos, por exemplo –, estabelecendo relacionamentos lucrativos para ambas as partes envolvidas.

A compreensão do advento e desenvolvimento dessa área e dos conceitos a ela vinculados demanda estudos amplos, até mesmo de questões psicológicas relacionadas à propaganda e seus efeitos sobre os consumidores. Neste capítulo, exploraremos esses tópicos, assim como as características e os objetivos do marketing.

1.1 Marketing: histórico e fundamentos

Quando se trata de marketing, cumpre mencionar um dos grandes teóricos da área, Philip Kotler, que a define como "a ciência e arte de explorar, criar e proporcionar valor para satisfazer as necessidades dos clientes" (Kotler, 2002, p. 13). Em complemento, podemos afirmar que essa necessidade (ou simples desejo) é moldada por elementos da cultura em que o cliente está inserido.

> **Para saber mais**
>
> Na entrevista indicada a seguir, Kotler aprofunda o que é marketing e compartilha suas experiências de atuação em empresas mundialmente renomadas. Ademais, apresenta algumas lições e estratégias de mercado relevantes.
>
> KOTLER, P. **O que é marketing**. 20 nov. 2016. 8 min. Entrevista. Disponível em: <https://www.youtube.com/watch?v=uMCV6HyVkdo>. Acesso em: 11 ago. 2021.

A criação do marketing foi motivada pela constatação de que muitas pessoas não conseguiam localizar produtos de seu interesse e, em contrapartida, as empresas não eram capazes de atingir seu público-alvo, isto é, captar novos clientes e fidelizar os demais. Além disso, verificou-se que o mercado competitivo atrapalhava a segmentação das empresas. Isso ocorreu

> em meados da década de 1950. Aqui, em vez de uma filosofia de "fazer-e-vender", voltada para o produto, passamos para uma filosofia de "sentir-e-responder", centrada no cliente. Em vez de "caçar", o marketing passa a "plantar". O que se precisa não é mais encontrar os clientes certos para seu produto, mas sim produtos certos para seus clientes. (Kotler; Keller, 2006, p. 14)

Com o avanço industrial, os consumidores adquiriram maior liberdade de escolha diante da diversidade de produtos ofertados no mercado. Logo, para atingir os objetivos organizacionais, tornou-se necessário assumir uma orientação eficaz e voltada às necessidades desse cliente final, convencendo-o a adquirir determinado item entre outros similares. Assim, criou-se uma via de mão dupla: uma parte busca satisfazer as demandas e os desejos da outra, ao passo que esta julga o quão satisfatório é o produto/serviço ofertado.

Na atualidade, o marketing está presente em todos os lugares e momentos e impacta bastante a vida das pessoas. Geralmente, elas costumam perceber a profusão de propagandas, mas não um de seus aspectos centrais: sua estratégia. Um exemplo de estratégia é o posicionamento dos produtos em supermercados – por exemplo, os produtos destinados ao público infantil ficam em posições mais baixas em relação à estatura de um adulto –, que faz com que alguns sujeitos os comprem mesmo que não precisem deles.

1.1.1 Conceitos básicos de marketing

Os conceitos de marketing têm como principal foco a análise do comportamento do consumidor. Reade et al. (2016), por exemplo, dedicam-se a compreender aspectos como as ações de pós-compra; o modo como os clientes escolhem, consomem e descartam produtos; e a forma como reagem a determinados estímulos mercadológicos. Assim, explicam como demandas são criadas e alimentadas no cérebro do consumidor para levá-lo a comprar algo.

O marketing é entendido como um processo societal, em que os indivíduos obtêm o que desejam por meio de um ciclo de produção, oferta e negociação – e isso requer, por parte das empresas, conhecer bem esse possível cliente para adequar a ele o produto que se fabrica.

1.1.1.1 Elementos promovidos pelo marketing

O profissional de marketing lida com a divulgação de dez elementos:

1. **Bens**: produtos comercializados e disponíveis para compra pela internet.
2. **Serviços**: oferta de serviços prestados por diversas áreas, como empresas aéreas, de manutenção e reparo e hotéis.
3. **Experiências**: integração de diversos serviços para criar, apresentar e comercializar experiências, como no caso do Magic Kingdom da Disney ou do Hard Rock Café.
4. **Eventos**: envolvimento em eventos como Olimpíadas, feiras de negócios e espetáculos artísticos.
5. **Pessoas**: celebridades importantes para determinado negócio, como músicos, artistas e outros profissionais.
6. **Lugares**: atração de turistas para determinado local mediante a ação de especialistas em desenvolvimento econômico, como imobiliárias, associações empresariais e agências de propagandas, considerando-se a grande competitividade na oferta de locais para entretenimento e outras finalidades.
7. **Propriedades**: compradas e vendidas por meio de marketing de imobiliárias.
8. **Organizações**: incumbidas de, ativamente, construir uma imagem sólida e positiva diante de seu público.
9. **Informações**: escolas, universidades, editoras e *sites* na internet.
10. **Ideias**: plataformas de entrega de alguma ideia.

1.1.1.2 Perfis e comportamentos de clientes

Uma vez que o mercado é heterogêneo, as empresas não alcançam todos os tipos de consumidores. Por isso, ele passou por uma segmentação, ou seja, os consumidores foram divididos em grupos com necessidades e interesses semelhantes, o que gerou os **nichos de mercado**. Como o mundo se encontra em constante transformação, sobretudo no mercado financeiro, acontecimentos como crises financeiras levam as pessoas a mudar seus perfis de compra, redefinindo suas prioridades de consumo e, consequentemente, transitando entre nichos.

Drucker (citado por Swain, 2011, p. 28) classifica os clientes em quatro tipos:

1. **Clientes lucrativos e leais**: são considerados a principal fonte de lucro.
2. **Clientes lucrativos, mas não leais**: sua satisfação é propensa a se deteriorar.
3. **Clientes não lucrativos, mas leais**: embora satisfeitos, não proporcionam o lucro visado.
4. **Clientes não lucrativos nem leais**: buscam apenas preços baixos durante as compras.

Os profissionais de marketing podem ter de lidar com diversos perfis de cliente: que evitam o produto; que o desconhecem; que não se interessam por ele; ou que não estão satisfeitos com o item comercializado. O mesmo se aplica à demanda dos produtos: mais baixa; sazonal (ou seja, que varia de acordo com a estação do ano); mais alta do que se pode atender no momento; ou referente a produtos nada saudáveis ou perigosos.

Ademais, o conhecimento desse profissional deve ir além da percepção dos gostos dos consumidores, abrangendo também seu comportamento de compra. Trata-se de algo complexo. Nem mesmo os compradores sabem quais atributos considerar, por exemplo, na compra de computadores. Em alguns casos, constata-se a chamada **dissonância reduzida**, com um alto envolvimento do consumidor, o qual, após a compra (a de um carpete, por exemplo), se considera a qualidade do produto muito boa, compartilha análises de pós-compra. Nesse sentido, há ainda o **comportamento de compra habitual**, isto é, quando se adquire algo da mesma marca por hábito (por exemplo, sal de cozinha), e não por fidelidade a ela. Entende-se que não há fidelidade nesse caso porque os consumidores, na busca por variedade, acabam trocando facilmente de produtos.

1.1.1.3 Comunicação no âmbito do marketing

Para alcançar um marketing de sucesso, a gestão da comunicação dos produtos é algo essencial, e algumas organizações são reconhecidas por sua excelência nisso, como a Fiat, a Petrobras, a Sadia, a Lux, a Natura, o McDonald's, a Havaianas, o Boticário e a Skol. Essas marcas mostram sua proposta pelos atributos dos produtos, não só suprindo os anseios dos clientes, mas também levando-os a se identificar com esses itens.

Os meios de comunicação utilizados pela área de marketing para se relacionar com esses clientes são diversos. Para uma interação eficaz, Kotler (2005a) enfatiza a necessidade de se considerarem os seguintes critérios: identificação do público-alvo, determinação dos objetivos de comunicação, elaboração da mensagem, seleção dos canais de comunicação, estabelecimento do orçamento para comunicações, decisão sobre o mix de comunicação, avaliação dos resultados e administração do processo de comunicação integrada de marketing.

Essa comunicação efetiva-se de distintas maneiras: propaganda, promoção de vendas, relações públicas, vendas pessoais e marketing direto (descritas no Quadro 1.1).

Quadro 1.1 – Plataformas comuns de comunicação

Propaganda	Promoção de vendas	Relações públicas	Vendas pessoais	Marketing direto
Anúncios impressos e eletrônicos; Encartes da embalagem; Filmes; Manuais e brochuras; Cartazes e folhetos; Catálogos; Reimpressões de anúncios; *Outdoors*; Painéis; *Displays* nos pontos de compra; Materiais audiovisuais; Símbolos e logotipos; Fitas de vídeo.	Concursos, jogos e sorteios; Prêmios e presentes; Amostras; Feiras setoriais; Exposições; Demonstrações; Cupons; Reembolsos parciais; Financiamento a juros baixos; Diversão; Concessões de troca; Programas de fidelização; Venda casada.	*Kits* para a imprensa; Palestras e seminários; Relatórios anuais; Doações; Patrocínios; Publicações; Relações com a comunidade; *Lobby*; Mídia corporativa; Revista ou jornal de empresa; Eventos.	Apresentações de vendas; Reuniões de vendas; Programas de incentivo; Amostras; Feiras setoriais.	Catálogos; Malas diretas via correio; Telemarketing; Compras eletrônicas; Compras pela televisão; Malas diretas via fax; E-mails; Correios de voz.

Fonte: Kotler, 2005a, p. 344.

Cabe ressaltar que algumas dessas modalidades já não são utilizadas como antes, tendo perdido espaço com o advento de certas tecnologias; contudo, ainda são consideradas meios de comunicação.

1.1.1.4 Plano de marketing e estratégias específicas

Considerando o exposto, podemos notar que os tipos de clientes orientam as decisões que a empresa toma. As estratégias de marketing, na maioria das vezes, visam à lucratividade. Para a consecução desse objetivo, por meio do referido método, busca-se, como explicamos, fidelizar clientes antigos e atrair novos diante da crescente e agressiva competitividade no mercado, divulgando-se criativamente produtos e serviços na tentativa de ganhar destaque e conquistar o grande público. Nesse cenário, algumas empresas "invencíveis" tiveram de repensar o modelo de seus negócios em virtude da inovação oferecida pela concorrência; esse é o caso da Xerox, da General Motors e da Kodak.

Na elaboração das estratégias de marketing, inicialmente, é preciso identificar quais objetivos a empresa deseja atingir. Com isso, realizam-se entrevistas e questionários para conhecer melhor as características de potenciais consumidores.

Para Kotler (2005b), um **plano de marketing** eficaz compreende seis etapas:

1. **Análise da situação**: permite à empresa reconhecer suas potencialidades no mercado (econômicas, político-legais, culturais, sociais e tecnológicas) e identificar os atores com que lida, como empresas concorrentes, distribuidores e fornecedores.

    Drucker (citado por Swain, 2011) ressalta a necessidade de uma **análise SWOT** (do inglês, *strengths*, *weaknesses*, *opportunities* e *threats* – em português, pontos fortes, pontos fracos, oportunidades e ameaças) com o fito de impulsionar os pontos fortes, diminuir os pontos fracos e buscar, ao mesmo tempo, oportunidades para a empresa. Com essa análise e o adequado posicionamento de mercado, é possível identificar a melhor estratégia a ser adotada com relação ao público-alvo que se pretende atingir.

2. **Definição de objetivos**: trata-se do estabelecimento de objetivos financeiros e de marketing, tendo como foco o equilíbrio entre produto ou serviço diante do mercado. Esses objetivos devem ser "destemidos", porém sem exageros, ou seja, têm de ser algo possível de ser cumprido com os recursos disponíveis e os esforços a serem aplicados.

3. **Estratégia**: relacionada à sigla **STP** (em inglês, *segmentation*, *targeting*, *positioning*), é uma ferramenta de marketing para segmentar o mercado, definindo um segmento ou um nicho, bem como seu posicionamento nesse âmbito. Com isso, analisam-se desejos e necessidades dos sujeitos para o desenvolvimento do produto e a realização de seu marketing.

4. **Tática**: refere-se a mudanças e acréscimos em produtos e seu abandono.

    No desenvolvimento de novos produtos ou na formulação de nomes de marcas, o próximo desafio é a praça e seus canais de distribuição – por exemplo, os métodos de transporte desse produto, seu preço, as políticas de definição deste, a promoção com relação à propaganda e, ainda, a estratégia a ser empregada.

5. **Orçamento**: o orçamento, o controle e a avaliação são desempenhados juntos; o primeiro funciona como base do desempenho da organização, ao passo que o terceiro se refere a uma revisão do plano por completo.
6. **Controle**: é a verificação e o monitoramento contínuos do processo do plano de marketing.

O chamado **marketing mix** tem a composição ideal para avaliar, organizar, definir e fazer cumprir um plano de marketing. De acordo com Magalhães e Sampaio (2007), possibilita otimizar o conjunto formado por produto, distribuição, preço e comunicação, gerando diferenciação ante a concorrência. Em outras palavras, com relação à classificação de elementos, esse marketing diz respeito aos **4 Ps**: produto (*product*), preço (*price*), ponto de venda/distribuição (*place*) e promoção (*promotion*). O **produto**, que também contempla serviços, é o item ofertado; **preço** é o esforço exigido do consumidor; já o **ponto** é o local de distribuição do produto ou serviço; por último, a **promoção** é o conjunto de divulgação e propagação.

Somam-se a essa outras propostas de marketing, a saber:
- **5 Ps**: produto, preço, praça, promoção e pessoas.
- **3 Ps**: pessoas, produtos e processos.
- **4 As**: análise, adaptação, ativação e avaliação.
- **4 Cs**: carência do consumidor, custo para o consumidor, conveniência do consumidor e comunicação com o consumidor.

Todavia, a proposta dos **4 Ps** difundiu-se e tornou-se a mais utilizada. Posteriormente, passou por uma revisão, que contemplou a divisão entre composto básico e composto de promoção, com uma abordagem mais complexa e cuidadosa.

Independentemente da estratégia, ela só será bem estruturada e transformada em realidade com um planejamento voltado especificamente para esse fim. Conforme Magalhães e Sampaio (2007), o uso da **estratégia "do oceano azul"**, por exemplo, desafia as empresas a transpor barreiras, sem copiar itens e condutas preexistentes, concentrando-se, assim, em aumentar a demanda com inovação de valor. Portanto, essa estratégia baseia-se na concorrência por meio de um posicionamento diferenciado, com atratividade e oportunidade.

Ainda segundo esses autores,

> alguns movimentos de marketing são muito mais abrangentes e eficazes que outros. São casos em que a interferência sobre a concorrência encontra uma "onda" vinda do comportamento de consumo – às vezes motivada pelo fluxo evolutivo natural, às vezes por decorrência de um movimento cataclísmico da cultura, provocado por uma bateria descendente de intervenções anteriores na concorrência e no consumo. (Magalhães; Sampaio, 2007, p. 147)

Como mencionamos, diversas empresas atuaram em campos específicos de consumo e prosperaram, como as indústrias de petróleo, automóveis, alimentos, bebidas, vestuário, cosméticos, eletrônicos, informática e entretenimento. Outras, porém, não acompanharam as mudanças requeridas pelo mercado, estagnando no quesito inovação; esse é o caso das empresas de máquinas fotográficas analógicas, anteriores às digitais.

Toda empresa tem **valores**, **visão** e **missão**, bem como orienta esses elementos para o alcance de metas. Os princípios e os valores concernem aos impactos operacionais, que estão relacionados com as decisões a serem tomadas, com previsão orçamentária anual e sua implementação. Por sua vez, a visão deve estar alinhada à dimensão quantitativa para o alcance de objetivos e, consequentemente, uma melhor atuação no mercado. Já a missão deve nortear os negócios, dando atenção especial ao âmbito operacional.

Na busca por ótimos resultados, as estratégias de marketing dependem do planejamento estratégico da empresa, cujos pilares são os três componentes citados anteriormente, direcionados aos fatores externos do mercado. Nesse contexto, é comum questionarmos: "por que uma estratégia que funcionou bem em determinada época não funcionou em outra? por que uma ação de marketing obteve sucesso em um mercado e não em outro?" (Reade et al., 2016, p. 172). A resposta para isso se encontra nas mudanças por que passa o mercado a todo momento, ou seja, todas as situações vivenciadas são sempre diferentes e, portanto, o que foi eficaz em um caso não necessariamente terá resultado satisfatório em outro. Isso evidencia que o constante redesenho do mercado impossibilita a existência de um modelo ideal para enfrentar qualquer mudança em curso.

Alguns autores, contudo, apresentam uma estrutura (Figura 1.1) referente às estratégias que proporciona estimativas de que a empresa esteja no caminho certo. Para Magalhães e Sampaio (2007), com relação ao planejamento, definir premissas vai além de estimar resultados, pois permite comparar o previsto ao realizado – por exemplo, volumes, participações, preços, custos, entre outros aspectos – e acumular informações para a feitura de um sólido orçamento.

Fazer boas previsões é, reconhecidamente, uma atividade complexa. Sobre isso, os referidos autores também questionam se a previsão está no campo da ciência (a lógica) ou do chute, ou se é responsabilidade do executivo na elaboração de orçamentos e planos operacionais. A conclusão é que as previsões se enquadram em todos esses casos, um pouco de cada um; quanto mais conhecimento for aplicado na elaboração, maior será a probabilidade de antecipar o resultado. Cabe observar que, quando se trata de planejamento de marketing, o plano deve ser escrito por toda a organização e expressar metas e compromissos de todas as áreas.

A figura a seguir sintetiza a discussão empreendida até este ponto.

Figura 1.1 – Planejamento de marketing

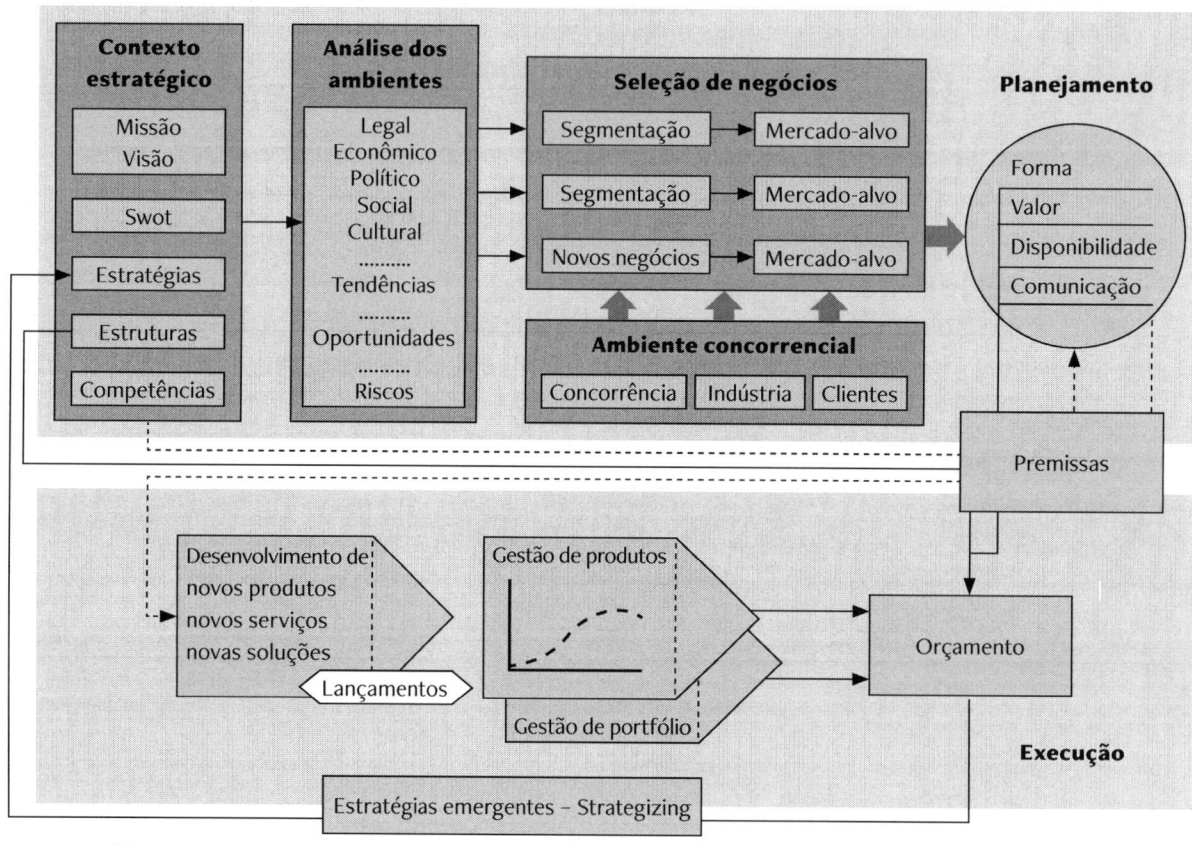

Fonte: Magalhães; Sampaio, 2007, p. 221.

1.1.1.5 Princípios do marketing

Segundo Hooley, Saunders e Piercy (2005), o marketing apoia-se nos seguintes princípios:

- **Foco no cliente**: identificação de necessidades e desejos do cliente e, em contrapartida, avaliação do grau de satisfação dele com um produto/serviço, se este atende ao propósito estabelecido.

- **Competição somente em mercados em que se pode ter uma vantagem competitiva**: escolha de um mercado para disputar; muitos fatores interferem nessa decisão, incluindo a atratividade do mercado para a empresa.
- **Compra de benefícios, e não dos produtos em si mesmos**: análise dos benefícios que um produto/serviço pode oferecer. Por exemplo, um jardineiro não quer uma máquina de cortar grama, e sim que esta tenha dois centímetros de altura – logo, ele visa ao benefício, e não à aquisição do produto. Outro exemplo são os atrativos para o cliente, como o que o Walmart, nas sextas-feiras, proporciona ao comercializar fraldas e caixas de cerveja juntas. O motivo disso é que, geralmente, os pais de crianças, ao retornarem do trabalho, compram fraldas para os filhos e, vendo a cerveja, aproveitam para levá-la também.
- **Relevância do marketing para além do departamento de marketing de empresas**: visão de que todos da empresa, independentemente do setor, impactam de alguma maneira a satisfação do cliente.
- **Heterogeneidade dos mercados**: existência de diferentes clientes e, por conseguinte, de diversos segmentos, o que demanda a oferta de benefícios também diferentes.
- **Constante mudança de mercados e clientes**.
- **Vida limitada dos produtos**: noção de que todo produto tende a ser substituído por algo novo em razão das exigências de clientes. Por isso, é preciso aprimorar frequentemente, por meio da inovação, produtos e serviços.

Para simplificar a discussão, Catmull (2014) usa uma metáfora: uma maleta velha e pesada, cujas alças gastas e quase caindo representam a ideia de "confiar no processo, ao passo que a mala em si simboliza a experiência, a sabedoria e as verdades. Às vezes, levamos as alças e deixamos a maleta. Outras vezes, esquecemos o significado da palavra *qualidade*; e o "confie no processo" tem de se manter junto, principalmente no contexto criativo do mercado.

> **Exercício resolvido**
>
> Ao longo do capítulo, vimos diversos conceitos relacionados ao marketing de que as empresas se utilizam na contemporaneidade, expressos por meio de *outdoors*, anúncios em rádios, *e-mails* de divulgação, eventos, entre outras modalidades de comunicação.
>
> Com base no conteúdo estudado, assinale a alternativa que indica corretamente o objetivo das empresas com o marketing:
> a) O marketing é uma estratégia de contato com outras empresas para a divulgação de marcas.
> b) O marketing é a busca de patrocínio para uma marca e envolve parcerias com outras empresas.
> c) O marketing é uma estratégia de aproximação com os possíveis clientes por meio da divulgação da marca e de seus princípios.
> d) O marketing serve de mecanismo de gestão para burocratizar empresas.
>
> **Gabarito**: c
>
> ***Feedback* do exercício**: o marketing é uma estratégia para a aproximação com as pessoas, mostrando-lhes o que a marca tem a oferecer. A alternativa "a" está incorreta porque considera o marketing uma estratégia para o contato com outras empresas, e o correto é o contato com o cliente. A alternativa "b" está errada pois o marketing não é a busca por patrocínio, e sim o responsável por realizar a promoção de alguns eventos. Por último, a alternativa "d" também contém um equívoco, já que o marketing não visa à burocracia, mas à simplificação dos meios de comunicação.

1.2 Da cultura ao marketing cultural: projetos culturais e divulgação de eventos

É de conhecimento geral que as culturas estão em constante mutação e evolução. Conforme Keegan (2005), no início do século XX, havia uma visão etnocêntrica na Europa, ao passo que, no século XXI, verifica-se uma intensa e crescente aproximação e influência entre culturas, com rápida expansão da internet como meio para comunicação, marketing, transações e entretenimento.

Para compreender melhor essa transformação, é necessário saber que o termo *cultura* diz respeito a uma pessoa/grupo ou à relação dos sujeitos com seus semelhantes. Para Reis (2003), refere-se à criação de determinado povo, seus valores e seus comportamentos. Trata-se do modo de criar, fazer e viver de uma sociedade, que compreende categorias distintas de herança cultural: literatura, música, teatro, atividades socioculturais, esportes, ambiente e natureza – práticas de que participamos, por exemplo, por meio de eventos, festivais ou mesmo assistindo à televisão. Por sua vez, na perspectiva dos artistas, a cultura é o que os inspira e aquilo que concretizam em obras de arte.

Em outras palavras, culturas são formas de se viver, sendo construídas pelos seres humanos e transmitidas entre gerações, englobando instituições sociais como família e organizações educacionais, religiosas, governamentais e empresariais, com seus respectivos valores, ideias e atitudes. Uma vez que a cultura é algo aprendido e não natural, quanto mais cedo é incorporada uma maneira de reagir a situações, mais difícil é mudá-la.

Ademais, a cultura de determinada região é considerada um mercado, já que turistas procuram conhecê-la melhor e, principalmente, adquirir produtos característicos dela. Além disso, esses turistas podem vivenciar apresentações culturais tradicionais, mas que, para eles, se constituem em algo raro, novo.

Segundo Magalhães e Sampaio (2007), a cultura funciona como um processo coletivo. Nesse sentido, a cultura de uma organização é uma rede de interpretações que a mantém, renova e molda, estrategicamente, por seu valor e sua raridade. Cabe destacar que categorias inteiras de produtos também podem ser resultado das culturas, sobretudo pelas diferenças entre elas.

Para Ciletti (2017, p. 111), "a cultura tem uma poderosa influência em como as pessoas trabalham, o que valorizam, como tomam decisões e como se comunicam". Estando cientes disso é que conseguimos compreender sua importância como meio de divulgação.

Apresentado o conceito de cultura, podemos afirmar que estudar o chamado *marketing cultural* implica entender a relação entre marketing como visão social (seu papel na sociedade) e como proposta gerencial ("a arte de vender produtos"). Para Drucker (citado por Kotler; Keller, 2006), contudo, embora haja a necessidade de promover objetos/eventos, o objetivo central do marketing é conhecer e entender os clientes.

> **Perguntas & respostas**
> **Qual é o significado da expressão "a arte de vender produtos"?**
> Essa expressão evidencia que vender não é um talento inato, mas uma habilidade, que, portanto, pode ser desenvolvida, desde que adotadas algumas estratégias, como conhecer as formas de vendas (por exemplo, vendas internas), adotar uma postura consultiva (conhecimento profundo do produto) e focar o relacionamento com o consumidor (boa relação com os clientes, principalmente no processo de fidelização).

Conforme Reis (2003, p. 13), o marketing cultural usa "a cultura como base e instrumento para transmitir [...] determinada mensagem (e, a longo prazo, desenvolver um relacionamento) a um público específico", de modo que a finalidade da empresa deve estar correlacionada com a cultura.

Rubim (1998) explica que o marketing cultural pode ser definido como uma alternativa diferenciada de comunicação de um produto, serviço ou imagem e que deve ser entendido em sua vinculação com o mix de marketing desenvolvido por um patrocinador. Nesse sentido, a cultura torna-se um instrumento a mais na estratégia publicitária, que necessita ser bem posicionado, por se tratar de uma publicidade com a sociedade, com públicos específicos, e que chama atenção pelos valores culturais.

Em outras palavras, o marketing cultural é uma troca de recursos, em que se combina o patrocínio de eventos culturais com o fortalecimento da imagem de uma empresa, desde que eles tenham relação com a marca dela, sua identidade e seus valores. Com isso, consegue alavancar cada vez mais a dimensão da publicidade e propaganda; ademais, as empresas ganham visibilidade e, em associação com a cultura, promovem a inclusão social (Miranda; Lucena Filho, 2019). A exploração da identidade cultural brasileira, por exemplo, configura um ótimo negócio e ganhará força nos próximos anos.

Ramirez (2007) destaca que, para determinar o marketing do produto a ser entregue, devem-se definir as seguintes especificidades:

- **Características do serviço**: serviço relacionado à data do evento, à reserva das entradas em exposições, festivais, congressos, entre outros.
- **Características sobre o grau de reprodução**: critério diferenciador entre indústria cultural e setor das artes, que visam aos bens culturais e produtos criativos.

- **Características do roteiro**: presença de fatores cuja história pode ser complexa, mas que pode ter personagens interessantes.

O marketing cultural engloba algumas associações (Reis, 2003):

- **Mecenato**: é a primeira forma de associação entre capital e cultura, resultado da paixão de seres de almas sensíveis e tocados pela criação artística. Passou pelas diferentes fases históricas (Antiguidade Clássica, Renascimento, Iluminismo e virada do século XX, sendo consolidado por grandes fortunas) e, nelas, a arte foi, muitas vezes, veículo de transmissão de mensagens a públicos específicos, reforçando os valores vigentes na sociedade.
- **Responsabilidade social**: trata-se do engajamento de uma empresa em projetos culturais e seu desejo de responder às necessidades da comunidade. No Brasil, foi disseminada pelas organizações não governamentais (ONGs) e, posteriormente, converteu-se em princípio orientador de empresas e de sua atuação, ensejando uma conduta ativa e comprometida. Nessa direção, a parceria ganha-ganha com uma postura socialmente responsável faz com que a empresa atraia funcionários qualificados e aumente a lealdade destes e de consumidores.
- **Patrocínio**: surgiu na década de 1970 graças à mudança de orientação: do foco no produto para o foco no mercado. É considerado parte do processo de marketing cultural da empresa, visando ao trabalho da imagem, ao maior conhecimento da marca e à publicidade gratuita. Nem sempre é estabelecido em termos financeiros, podendo envolver a oferta de produtos ou a prestação de serviços gratuitos, como transporte, hospedagem e alimentação, bem como a disponibilização de recursos tecnológicos ou locais para a execução de projetos.

Nessa perspectiva, o **patrocínio cruzado** é empreendido por algumas empresas que investem em diversos campos para além da cultura, como o tecnológico e o ecológico. É o caso do Banco do Brasil, que, além de ter quatro centros culturais (os CCBBs) espalhados pelo país, patrocina a Confederação Brasileira de Voleibol (CBV), já patrocinou o tenista Gustavo Kuerten (também conhecido como Guga) e alguns festivais de música, assim como conduziu (e ainda conduz) projetos de ação social por meio da Fundação BB.

> **Exemplo prático**
> Algumas estratégias de marketing cultural bem-sucedidas foram adotadas pela empresa Itaú. Conforme Barata Neto (2008), em 2008, ela criou o projeto Itaú Brasil, em homenagem aos 50 anos da bossa nova, proporcionando o resgate e a valorização da cultura brasileira, primeiramente com uma exposição no Parque Ibirapuera e, logo após, com alguns *shows*.
>
> A promoção à cidadania teve início em 1987, e hoje há um espaço acessível e com ações voltadas à cultura, com realização de peças teatrais, exibição de filmes e abertura de exposições, estando algumas dessas produções disponíveis *on-line* no *site* Itaú Cultural.
>
> Outra estratégia da empresa foi o fomento à leitura para crianças. Feito um requerimento *on-line* pelos sujeitos interessados, o Itaú envia diversos livros infantis à casa desses solicitantes.
>
> Por fim, cabe mencionar o patrocínio das "laranjinhas", isto é, bicicletas com a marca Itaú, alugadas via pagamento por aplicativo e retiradas em quiosques em pontos específicos das cidades. Trata-se de um projeto com a visão social "vá de *bike*".

Conforme Kotler e Keller (2013), a construção da marca de uma empresa, em alguns direcionamentos, não precisa apelar para um mercado em massa. Basta voltar-se ao nicho que se deseja atingir, criando-se "burburinhos" e inserindo-se a marca em eventos para aumentar sua relevância.

> A Harley-Davidson sabe bem como nutrir o status de cult de sua marca de motocicletas para atrair clientes novos e fortalecer os laços com os clientes antigos. Quando entrou na Índia, a empresa planejou atividades exclusivas para proprietários de Harley, abriu algumas poucas concessionárias e lançou um número limitado de modelos. No mercado norte-americano, a Harley conta com a ajuda de formadores de opinião, como a banda de rock Korn, para projetar motos com estilo moderno, que têm forte apelo para os compradores mais jovens. Poucas marcas têm seguidores tão fiéis como a Harley-Davidson – e a empresa sabe trabalhar muito bem o entusiasmo da marca deles. (Kotler; Keller, 2013, p. 160)

Nesse exemplo, vemos que a empresa uniu o produto ao gosto musical dos motoqueiros, o *rock*, e tem um público específico para seu produto, sendo tão renomada que mantém fiéis consumidores há muitos anos.

Os autores acrescentam que o futuro do marketing, em todos os contextos de atuação, é ser mais localizado e sensível às questões culturais, criando e implementando novas ideias, soluções criativas e parcerias em busca de equilíbrio no mercado. Nessa visão, as empresas praticam o marketing cultural com o intuito de, investindo na cultura, obter ganhos de imagem, agregar valor à marca, reforçar seu papel social, conquistar benefícios fiscais e, por último, aplicar uma estratégia de comunicação.

Os produtores culturais enxergam seu trabalho como oportunidade de pôr em evidência e estimular certos valores, atuando em conjunto com o Estado, que reforça esses aspectos culturais por meio de políticas públicas. Nesse cenário, algumas instituições ganham destaque, e os intermediários culturais profissionalizam-se e formam associações.

O diagrama da Figura 1.2, a seguir, apresenta as etapas da utilização do marketing cultural, desde sua situação atual, passando pela definição do que se pretende atingir e de uma linha de patrocínio, até sua implementação e avaliação. Trata-se de um planejamento necessário para o alcance de resultados positivos e condizentes com o perfil de cada empresa.

Figura 1.2 – Processo de marketing cultural

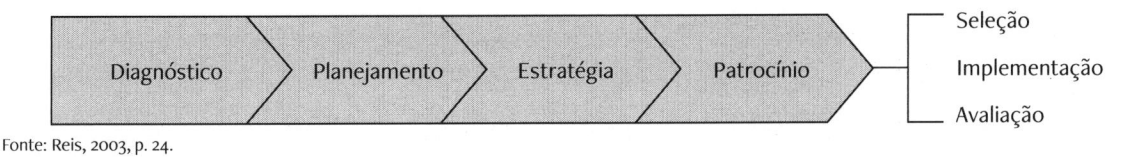

Fonte: Reis, 2003, p. 24.

Com o investimento nesse âmbito, amplia-se a oferta de opções culturais para a sociedade, pois o marketing cultural, além de patrocinar eventos, apoia essas ações e inúmeras outras de cunho educativo. Isso democratiza o acesso da população aos projetos, bem como difunde as artes, consolidando a inclusão social.

Ogden e Crescitelli (2007) afirmam que o patrocínio, apesar de praticado há muito tempo, recebeu destaque apenas na história recente, possivelmente em razão do desenvolvimento da comunicação integrada de marketing.

Como explicamos, ele corresponde à promoção dos interesses de uma empresa e suas marcas em um evento, podendo ser considerado uma forma de comunicação cuja base é a construção de uma imagem por meio de associação, diferentemente do que faz a propaganda, que a cria por completo. Outrossim, o patrocínio ajuda no posicionamento do produto em médio e longo prazos. Logo, parcerias de curto prazo podem até popularizar a empresa ou produto, mas não colaboram para o delineamento da imagem destes.

O investimento em eventos, atividades ou pessoas é uma decisão delicada. Nos casos de caráter cultural, o patrocinador contribui com a divulgação institucional. O formato dessa parceria pode ir do simples uso da marca da empresa até a concepção, o desenvolvimento e o controle do que está sendo patrocinado. Assim, quanto maior é o envolvimento, maior é o grau de retorno.

Nos últimos tempos, o patrocínio tem se difundido, conforme Ogden e Crescitelli (2007), principalmente na área esportiva. Com relação à imagem positiva desse setor, quando há grandes organizações envolvidas, se o patrocínio é combinado com outras modalidades de comunicação, como propaganda, publicidade e promoção de vendas, proporciona resultados ainda mais positivos.

Segundo Magalhães e Sampaio (2007, p. 224),

> patrocínios de eventos e atividades culturais também são formas comuns de valorizar a promoção de marcas, pois o valor das ações patrocinadas costuma passar para os patrocinadores e apoiadores. Para que isso seja positivo, porém, deve haver uma relação lógica e pertinente entre a marca patrocinadora e o evento ou atividade patrocinada.

Um dos exemplos desse tipo de patrocínio foi o Free Jazz Festival, que teve como patrocinador a empresa de cigarros Free, a qual viu no nome do evento uma oportunidade para a divulgação de sua marca. O festival ganhou tanta popularidade por isso que, quando a Free deixou de patrociná-lo, o novo financiador teve de alterar o nome para Tim Festival.

A comunicação também é um item importante, como a realizada pelos anunciantes no canal televisivo MTV para alcançar o público jovem ou pelo jornal *O Estado de S. Paulo* para atingir o mercado executivo. Do mesmo modo, decidir onde fazer o marketing requer bastante estudo. A Nestlé, por exemplo, já se utilizou do programa Cozinha Nestlé (dirigido a cozinheiros), de conteúdos em seu *site* voltados ao entretenimento de crianças e, também, do Nestlé Chocolover, com o patrocínio de espetáculos musicais.

Além dessas possibilidades, entre os eventos culturais nos quais encontramos a divulgação de marcas estão *shows*, cinema, teatro, feiras culturais e outras realizações que proporcionem a inclusão social. Com o reconhecimento dessas marcas, o relacionamento com os clientes pode ser fortalecido e é possível que surjam novos contatos e, até mesmo, que haja o aumento significativo das vendas.

Pensar em marketing cultural é essencial para uma dinâmica cultural. A publicidade destaca bastante o aspecto econômico da empresa, porém precisa ter uma estratégia preestabelecida eficiente para comunicar a marca ao consumidor.

> O MARKETING CULTURAL precisa considerar todas as etapas do Ciclo da Produção Cultural: a inspiração que se transforma em ideia, a ideia que é planejada e vira um projeto, o projeto que passa por uma estratégia de marketing para chegar ao mercado, a negociação até o contrato, a produção (equipe, capacidade de realização, melhor época de realização, local, etc.) e o planejamento da mídia, para chegar ao público que deseja atingir, cujo perfil deve ser conhecido antecipadamente e com a máxima clareza. (Portella, 2021, p. 1)

Figura 1.3 – Fluxograma da estratégia de marketing

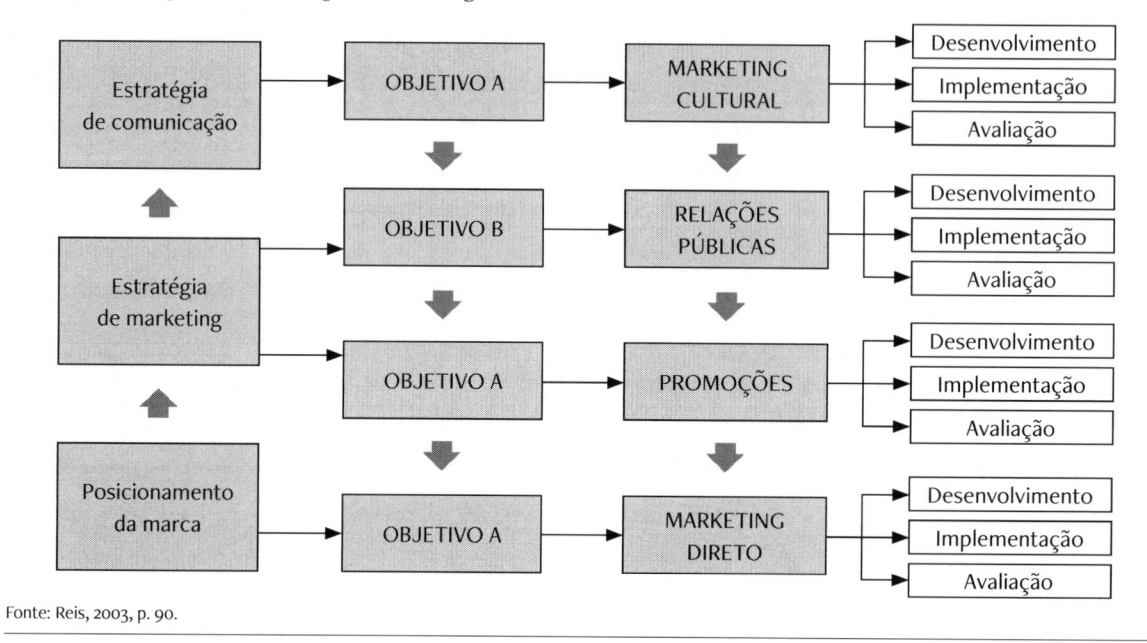

Estratégia de comunicação	→	OBJETIVO A	→	MARKETING CULTURAL	→	Desenvolvimento / Implementação / Avaliação
Estratégia de marketing	→	OBJETIVO B	→	RELAÇÕES PÚBLICAS	→	Desenvolvimento / Implementação / Avaliação
	→	OBJETIVO A	→	PROMOÇÕES	→	Desenvolvimento / Implementação / Avaliação
Posicionamento da marca	→	OBJETIVO A	→	MARKETING DIRETO	→	Desenvolvimento / Implementação / Avaliação

Fonte: Reis, 2003, p. 90.

Conforme o fluxograma anterior, a decisão sobre a estratégia a ser adotada para o melhor posicionamento da marca no mercado requer atenção especial. É fundamental identificar vantagens e limites, tendo em conta desde as situações real e ideal da marca, o ambiente externo, as oportunidades e as ameaças, até o delineamento da estratégia de marketing cultural.

Exercício resolvido

Tendo em vista o tipo de marketing chamado de *cultural* – ou seja, a parceria/patrocínio com outras empresas para a realização de eventos diversos, divulgados por meio de *folders*, *outdoors*, brindes etc. –, assinale a alternativa correta com relação à sua importância:

a) O marketing cultural é fundamental apenas para a divulgação de uma marca.
b) O marketing cultural possibilita a divulgação da marca de uma empresa em um evento patrocinado por ela, ao mesmo tempo que difunde e valoriza a cultura local.
c) O marketing cultural permite adequar o produto da empresa à cultura em que se encontra, mas inviabiliza a fabricação de novos produtos.
d) O marketing cultural, por visar apenas às vendas, dá pouco suporte e importância aos eventos culturais para a divulgação de uma marca.

Gabarito: b

***Feedback* do exercício**: o marketing cultural recorre a eventos culturais para promover marcas diante dos atuais e potenciais consumidores, o que confere às empresas a imagem de quem se preocupa com a cultura da sociedade em questão e a valoriza. Portanto, patrocina essas manifestações em troca de divulgação. Com base nisso e em outros conteúdos explorados no capítulo, constatamos que a alternativa "a" está incorreta, porque o marketing cultural também se preocupa com o incentivo à cultura e os projetos em geral. A alternativa "c" está igualmente incorreta, dado que esse marketing possibilita a continuidade de outros produtos; e, por fim, quanto à alternativa "d", é evidente que o aumento das vendas não é a única preocupação dessa área.

Pode-se elaborar um projeto cultural para um artista ou um grupo, mas também para edifícios culturais com atividades a serem realizadas em seu interior. Alguns exemplos disso são o Instituto Itaú Cultural e os espaços culturais da Caixa Econômica Federal, que promovem atividades gratuitas ou a preços simbólicos.

O incentivo ao projeto cultural envolve algumas práticas, como o apoio e o patrocínio. Nessa conjuntura, a colaboração é responsável pelo fornecimento de produtos e serviços, ao passo que a promoção os divulga nos canais de comunicação com o consumidor – é o caso do anúncio da abertura de uma exposição ou da publicação de um livro. Quanto à execução do projeto, trata-se do processo em que a empresa formula e implementa uma ideia.

Outro tipo de promoção é o turismo cultural nas cidades, que enfatiza a riqueza do conhecimento e das manifestações populares. Reis (2003) cita como exemplo as instituições culturais com seus museus, galerias e teatros, que muito movimentam a economia em alguns locais. Somam-se a isso as tradições folclóricas, geralmente vivenciadas em uma lista extensa de eventos pelo país, como a festa do Bumba Meu Boi, que atrai inúmeros turistas.

No que concerne ao patrimônio histórico, há diversos países (como a Itália e a Grécia) que arrecadam valores altíssimos com monumentos históricos cuja visitação é paga. No Brasil, entre outras atrações, há o bairro Pelourinho, em Salvador (Bahia), e as cidades históricas de Minas Gerais.

No quesito produção cultural, existem práticas culturais originais, como o tear manual e as feiras de artistas que produzem manualmente esculturas e panelas de barro. Quanto à gastronomia especializada de cada região, para citar apenas dois exemplos, há o vinho do Porto em Portugal e a tradicional comida mineira em Tiradentes.

O mercado cultural, portanto, estabelece conexão com o turismo cultural, o urbanismo, o lazer, a gastronomia típica, a educação, a ciência e a tecnologia, a saúde, o artesanato, entre outras áreas.

O processo de **seleção dos projetos culturais** apresenta características parecidas com as de ferramentas de comunicação e propaganda. Para traçar atividades de marketing cultural, procede-se da seguinte maneira (Reis, 2003):

- **Atuação direta**: a empresa é responsável pela definição de objetivos, assim como pela seleção e contratação dos projetos diretamente com as instituições.
- **Contratação de um produtor cultural**: a empresa determina os objetivos, mas terceiriza sua consecução no projeto. O produtor responsável pode oferecer um produto já existente ou elaborar um plano específico.
- **Contratação de uma consultoria cultural**: a consultoria delineia as estratégias de marketing cultural para a atuação da empresa contratante no mercado.

- **Criação de uma fundação ou um centro cultural**: fundações ou centros sem fins lucrativos recebem recursos da empresa mantenedora do projeto.

Como outras práticas, o projeto cultural também é segmentado por público-alvo, conforme critérios de idade, região e profissão, por exemplo. A cultura como transmissora de mensagem gera oportunidades internas nas empresas, como o estímulo à criatividade dos funcionários na resolução de problemas.

Como exemplos de envolvimento de organizações com a sociedade, podemos citar os investimentos da Coca-Cola em educação e o projeto educacional Casa do Mickey Mouse, por meio do qual a Disney promove atividades de aprendizagem inéditas e coletivas.

Ainda sobre a Coca-Cola, vale mencionar o impacto que exerce sobre os consumidores. Segundo Reade et al. (2016), se estivermos na Times Square, mesmo diante de inúmeras propagandas, identificaremos a da Coca-Cola rapidamente, em razão de estratégias relacionadas à cor do logotipo ou ao ícone da garrafa, por exemplo, que despertam inúmeras sensações positivas no público. É o caso também do som da garrafa sendo aberta nas propagandas, que automaticamente cria a sensação de refrescância em um dia de verão.

Entre os vários projetos dessa empresa em favor da sociedade, os quais difundem sua postura de preocupação com as pessoas, cabe mencionar ainda o World of Coca-Cola, um museu interativo localizado em Atlanta e que apresenta a trajetória da empresa, com diversas atrações voltadas ao entretenimento.

Nesse âmbito, Reis (2003) destaca o caso da Ford e seus projetos nas área de educação e artes, bem como o do McDonald's e o já conhecido McDia Feliz, iniciativa que destina todo o valor arrecadado na data ao combate ao câncer. Também foi criada por essa empresa a Casa do Ronald McDonald, que apoia crianças acometidas por essa doença.

Outra oportunidade para o marketing das empresas é o Rock in Rio, que

> foi inovador desde a primeira edição, em 1985, ao oferecer opções para as marcas que promoverem e se comunicarem com seus públicos através de várias ativações interessantes e por período maior que o de realização do evento. Na edição de 2011, o Rock in Rio completou três edições nacionais e seis

internacionais. Nessa edição houve o investimento de marcas de expressão: o Itaú como patrocinador *master*, além de Heineken, Coca-Cola, Trident, Volkswagen, Claro, Leader, Taco, Domino's, Spoleto e TAM viagens. (Martin, 2015, p. 161)

> **Para saber mais**
> A pesquisa Top of Mind Brazil, realizada pelo Instituto Brasileiro de Pesquisa de Opinião Pública (Inbrap), reconhece as marcas mais lembradas pelos consumidores em diversas categorias, bem como indica seu grau de popularidade e como podem crescer no *ranking* por meio da participação em projetos culturais.
> INBRAP – Instituto Brasileiro de Pesquisa de Opinião Pública. **Prêmio Top of Mind Brazil**. Disponível em: <https://www.inbrap.com/premios>. Acesso em: 23 ago. 2021.

Reis (2003) recomenda seguir um *checklist* na escolha do projeto mais adequado ao marketing cultural a ser aplicado. Esse material deve contemplar: efeitos do projeto sobre a comunidade; possibilidade (ou não) de reformulação dele; contribuição social após sua finalização; gratuidade ou não dos eventos; possível participação de órgãos públicos ou entidades sem fins lucrativos.

Algumas ações executadas em eventos para a divulgação de produtos e marcas são: ajustes na ambientação do local (cores, iluminação etc.); distribuição de camisetas e brindes; fixação de *banners*; e criação de quiosques em lançamentos de filmes e espetáculos. Também se pode investir em: fixação de adesivos no chão; contratação de anúncios em jornais e revistas; contratação de *outdoor*, *bus door* e *bike door* (anúncios colados, respectivamente, em ônibus e bicicletas); compra de tempo para comerciais de rádio e TV; colagem de cartazes; envelopagem de veículos; distribuição de folhetos; realização de sorteios etc.

Somam-se a isso **formas alternativas de divulgação na área cultural**:
- apresentação do projeto cultural;
- inserção de logotipo na tela de transição das palestras;

- realização de evento paralelo nas dependências do evento;
- disponibilização de salas de espera, especiais e para palestrantes, assim como áreas VIP e camarotes;
- exibição de vídeo promocional nas referidas salas;
- oferta de internet grátis aos participantes;
- fixação de lixeiras e bancos em áreas públicas;
- abertura de postos médicos;
- inserção de postos de atendimento nos principais hotéis.

Com o intuito de promover o evento em si e os patrocinadores, pode-se recorrer ao marketing digital: inserção do logotipo da empresa no *site* do evento; envio de *e-mail* marketing e mala direta aos participantes; inclusão do *website* do patrocinador no *site* do evento; e publicações em redes sociais.

O que é

O **marketing digital** se utiliza dos meios digitais para a divulgação de empresas e engloba um conjunto de estratégias para isso: *e-mail* marketing, gestão de redes sociais, otimização de conversão (CRO), acompanhamento da taxa de conversão de acessos e possíveis usuários e marketing de busca (SEM) – que determina as prioridades em buscas feitas na internet.

Como exemplos de projetos de marketing digital, Martin (2015) cita o Avon Women in Concert, com *shows* de artistas mulheres voltados ao público feminino, patrocinados pela Avon. Outro exemplo é o Festival Internacional de Cultura e Gastronomia de Tiradentes, projeto que conta com o envolvimento da empresa Suggar.

Ramirez (2007) considera que o patrocínio permite a associação do evento (artista, *show* etc.) com a marca, além de atrair o público interessado em arte. Esse contexto se torna propício para a promoção de vendas, a distribuição de amostras ou, até mesmo, as coletas cadastrais direcionadas a possíveis clientes.

É necessário compreender o mercado das artes para identificar os segmentos de atuação que contempla. Isso depende do local em que seu público se encontra: espetáculos, teatro, ópera, concertos musicais, exposições, museus ou lugares históricos. Com base nisso, pode-se optar por um mercado e desenhar estratégias diferenciadas que permitam chegar às oportunidades. Conforme Ramirez (2007), os museus, por exemplo, têm públicos diferentes: o regular, o eventual, o proveniente do segmento educacional, o proveniente do segmento familiar, entre outros.

As organizações investem na promoção da cultura inicialmente para entender o que é aceito e relevante para grupos de determinado mercado. Nessa perspectiva, o pós-evento é analisado para a averiguação do espaço conquistado na mídia. Identificar os resultados obtidos com o evento significa confirmar ou não o alcance de objetivos, reconhecer falhas e aprender com elas. É conhecer o cliente e valorizar os pontos fortes da empresa, adquirindo-se, com isso, vantagem competitiva.

Exercício resolvido

O marketing cultural é uma estratégia das empresas para direcionar a atenção da sociedade a seu produto ou serviço, promovidos com sua marca por meio do patrocínio de diversos tipos de eventos culturais. Sobre o tema, analise as afirmativas a seguir e marque V para as verdadeiras e F para as falsas.

( ) É exemplo de marketing cultural o patrocínio de uma peça teatral realizada no teatro municipal e com acesso gratuito pela comunidade em geral.

( ) É exemplo de marketing cultural a divulgação de um novo produto de marca já existente em comercial de um canal de TV.

( ) É exemplo de marketing cultural a divulgação de um novo produto de marca conhecida em um filme que está em cartaz no cinema nacional.

( ) É exemplo de marketing cultural o patrocínio de um *show* de *rock* a ser realizado em diversas cidades no Brasil e que terá o nome da marca da empresa mantenedora.

Agora, assinale a alternativa que apresenta a sequência correta:

a) V, V, V, V.
b) V, F, V, V.
c) F, F, F, V.
d) F, V, F, V.

Gabarito: b

> ***Feedback* do exercício**: todas as alternativas são verdadeiras, exceto a segunda, que cita uma propaganda não considerada prática de marketing cultural. As demais alternativas estão corretas porque elencam práticas que, além de promoverem marcas, favorecem o acesso à cultura e sua valorização.

1.3 O artista e o marketing

Abordar em profundidade o papel do artista sem falar de suas produções é impossível – seria como apresentar uma pintura sem creditar quem pintou. Nesta seção, trataremos dessa relação entre o artista (pintor, escritor, músico etc.) e seu produto cultural.

Como se sabe, a produção cultural é realizada pelo artista, cuja criatividade deve ser posta à disposição da arte, uma vez que isso é exigido pela indústria cultural e pelos consumidores ávidos por inovação constante. Diante de um mercado competitivo, esse profissional precisa obter destaque, razão por que deve se aperfeiçoar e buscar particularidades em seu perfil. Em complemento a isso, o marketing pessoal pode lhe proporcionar informações sobre como alcançar o perfil requerido pelo mercado.

O marketing pessoal para artistas confere dinamismo ao trabalho e permite que eles aprimorem suas capacidades, fortalecendo parcerias e conquistando o reconhecimento de seu talento pelo público, o que culmina no crescimento desse artista e de sua arte. Vejamos a seguir os desdobramentos desse processo.

1.3.1 Produto cultural

Via de regra, cultiva-se uma visão romântica acerca da dinâmica de trabalho de pintores e escultores, como se representassem o profissional ideal, ao passo que os demais (de outras áreas) seriam os massacrados por uma rotina repetitiva e maçante. Conforme Gompertz (2015), eles são reconhecidos como verdadeiros heróis, que fazem o possível e o impossível em nome da arte.

A motivação central dos artistas é criar uma obra de arte com valor e significado. Para isso, no entanto, enfrentam desafios como mãos calejadas, dores nas costas após horas debruçados sobre determinada obra e, ainda, o sustento insuficiente no início da carreira, quando têm pouco reconhecimento.

Os artistas são considerados empreendedores, donos do próprio negócio. Fornecem produtos sem função ou aplicação concreta (servem basicamente para fruição) e lidam com consumidores que valorizam marcas acima de tudo. Dispostos a correr riscos e na tentativa de progredir no trabalho criativo, enfrentam dificuldades com a esperança de, em algum momento, vender suas obras de arte por um preço que cubra seus custos e possibilite reinvestir em novas produções.

Como descreve Gompertz (2015, p. 6), "Vicent van Gogh, talvez o exemplo mais célebre do romanceado artista boêmio, era na verdade um empreendedor ativo e atento ao mercado. Ele não era um pobre desamparado, como diz a lenda, mas um empresário iniciante". Ele investiu junto com o irmão, um negociante da arte, e administrava, com atenção e cuidado, todos as encomendas que recebia, não recusando nenhuma.

Por sua vez, Leonardo da Vinci percebeu "que as pessoas bem-sucedidas raramente ficavam sentadas esperando algo acontecer. Elas saíam e faziam as coisas acontecerem" (Gompertz, 2015, p. 7). Com ambição, proatividade e independência, torna-se possível transformar o "nada" em "alguma coisa" e competir com outros artistas na busca por espaço no mercado e na sociedade em si.

A produção artística recente é legado de algo que remonta à Grécia Antiga. No contexto das efervescentes transformações sociais e políticas, o teatro grego trouxe representações baseadas na mitologia e noutras vivenciadas pela sociedade. As esculturas gregas, segundo Barroso e Nogueira (2018), tinham imensa importância por sua dimensão estética e visavam à veneração dos deuses, seres idealizados, semelhantes ao homem, com pensamentos humanos e incontroláveis paixões. Por sua vez, as danças e as músicas permitiam aos sujeitos expressar-se artisticamente. Nesse contexto, dominar ou conhecer a arte era uma graça concedida pelos deuses, numa mistura entre arte e crença, e as manifestações artísticas eram consideradas rituais.

Já na Idade Média, a música e a notação musical passaram por adaptações, e ganharam proeminência as entoações de trovas sobre as cruzadas, o sentimento religioso e o amor. O teatro da época também era popular, com encenações relacionadas à história bíblica e realizadas em festas litúrgicas e missas; posteriormente, as peças começaram a representar os costumes sociais medievais. Como contribuição para as futuras gerações, houve o aperfeiçoamento da produção literária.

Conforme Lippard e Chandler (2013), a produção artística começou a ceder espaço para uma arte ultraconceitual, cujo enfoque é o processo de pensamento. Nessa perspectiva, à medida que o trabalho é projetado no estúdio e o objeto se aproxima de sua fase/forma final, o artista vai perdendo o interesse pela evolução física desse material. Assim, o ateliê se torna um local de estudo, provocando a desmaterialização da arte.

> A mudança de ênfase da arte como produto para a arte como ideia libertou o artista de limitações presentes – tanto econômicas quanto técnicas. Pode ser que trabalhos de arte que não podem ser realizados agora por falta de meios serão concretizados em alguma data futura. O artista como pensador, sujeitado a nenhuma das limitações do artista como artesão, pode projetar uma arte visionária e utópica que não é menos arte do que trabalhos concretos. (Lippard; Chandler, 2003, p. 160)

Nesse contexto, o negociante não pode vender com esse conceito, o de uma arte concebida como ideia. "O materialismo econômico é negado junto com o materialismo físico", e o foco conceitual pode ser oculto. "O conceito pode determinar os meios da produção sem afetar o produto em si" (Lippard; Chandler, 2003, p. 160).

Os efetivos trabalhos em arte são ideias, aproximações visuais de um objeto em particular. A maioria dos artistas começa trabalhos de caráter visual (pinturas e esculturas, por exemplo) e apenas depois eles se convertem em ideias, com fatos e invenções relacionados.

Ao longo da história, a arte não foi apenas descritiva, mas veículo de novas perspectivas acerca de várias questões. Para Ocvirk et al. (2014), trata-se de um produto da criatividade humana percebido e interpretado subjetivamente por quem os "consome". Ademais, é o espaço para a manifestação da experiência particular do artista, podendo ser usado espontânea ou premeditadamente.

Os referidos autores caracterizam os idealizadores dessas obras de duas maneiras. Os **artistas conceituais** preocupam-se mais com a ideia, o conceito da obra (ou seja, a transmissão de uma mensagem ou a análise dela), do que com o produto final. Já os **artistas processuais** priorizam mais a execução da obra (nesse caso, a técnica empregada em sua criação).

> As técnicas e ambições também mudaram muito desde a época das antigas civilizações, e hoje temos um conjunto de diferentes abordagens à arte. Seja qual for o tempo ou o lugar da criação, a arte sempre foi produzida porque um artista quis dizer algo e escolheu uma maneira particular de dizer. Para cada obra, o artista faz escolhas quanto a estrutura, *media* (materiais e ferramentas), técnicas (métodos de usar os *media*) e tratamento do tema, para melhor expressar sua ideia. (Ocvirk et al., 2014, p. 14)

O conjunto de obras do artista pode revelar sua identidade expressiva, o chamado *estilo artístico*, e altera-se à medida que o profissional se aprimora.

De acordo com Ocvirk et al. (2014), a obra de arte engloba três componentes básicos: "o que" (a forma), "como" (o desenvolvimento da produção, seu conteúdo) e "por que" (a intenção do artista com a obra).

Tema

A arte visual pode representar, de diferentes maneiras, uma pessoa, um objeto ou uma ideia. Por exemplo, as figuras abstratas passam pela criação de imagens baseadas em objetos, porém nada parecidas com eles. Não importa qual o tipo de arte, a consideração mais importante aqui é como o tema é tratado.

Forma

A forma se refere à disposição ou à organização geral de uma obra de arte, o que lhe confere ordem e significado e contribui para seu sucesso ou fracasso. Isso envolve o trabalho (combinado ou não) com linhas, texturas, cores e figuras, tendo em vista princípios como harmonia, variação, equilíbrio, proporção, dominância, movimento e economia. Analisando-se esses aspectos, é possível entender como a obra foi criada, qual foi a motivação de certas escolhas do artista e qual é a finalidade dessa produção.

Conteúdo

A mensagem emocional ou intelectual de uma obra de arte configura seu conteúdo, ou seja, uma expressão ou um estado de espírito do artista a ser interpretado por quem a analisa. Para o artista, esse conteúdo pode emergir do subconsciente, denotando raiva, por exemplo, por meio de cores fortes (como o vermelho) e traços agitados. Se o público não está familiarizado com esse profissional, pode ter dificuldade em decodificar essas mensagens e necessitar de alguma pesquisa para apreciar a obra.

A combinação desses itens constitui a chamada *unidade orgânica*, um organismo vivo cujos componentes são interdependentes e inseparáveis. Essa unidade, embora não garanta que o trabalho seja uma grande obra de arte, confere a ele totalidade. Ademais, o artista precisa lançar mão da intuição para saber se essa unidade foi alcançada, ainda que nunca vá estar totalmente certo disso.

É possível, ainda, agrupar essas produções como arte conceitual ou arte processual. A **arte conceitual** busca romper com o tradicional, priorizando o conceito em detrimento do produto, do conteúdo e do tema. A **arte processual**, por sua vez, dá grande importância à produção, concebendo forma e conteúdo como aspectos integrados. Esses dois estilos podem causar espanto se não forem compreendidos pelo observador.

Ocvirk et al. (2014, p. 19) afirmam: "quando um artista vê um objeto – um galho de árvore, por exemplo – e se inspira para reproduzir o original como o viu, ele está usando e buscando inspiração por meio da percepção ótica". Ele pode ver esse galho e imaginar uma criança chorando, por exemplo; o processo imaginativo desencadeia, assim, uma visão criativa.

O corpo e as ações dos artistas passam a ser o lócus em que o social, o político e o subjetivo configuram e projetam múltiplos sentidos e direções. Esse corpo também engloba o espaço das galerias.

De acordo com Freire (2006), a cidade inteira pode ser revestida pela arte, e o espaço da galeria serviria de anunciação.

O artista franco-americano Marcel Duchamp teorizou sobre a criação de uma obra de arte de proporções matemáticas, o que chamou de "coeficiente de arte", que resultaria da relação entre o artista e sua obra e do modo como o observador apreende esse trabalho (Freire, 2006). Nessa perspectiva, se há participação do público na criação da obra, os diferentes contextos de exibição dela são fundamentais.

Outrossim, Duchamp desenvolveu textos e críticas referentes ao próprio trabalho artístico. Para ele, o artista é um manipulador de signos, sendo mais que o produtor de objetos artísticos; já o espectador é um leitor ativo das mensagens emanadas das obras de arte, sendo mais que um consumidor do espetáculo.

No âmbito da crítica, o vocabulário foi renovado ao longo do tempo, contemplando conceitos como ambientes, *performances*, instalações, videoarte e *internet art*. Nesse contexto, algumas noções adquiriram novos sentidos – "o trabalho artesanal do artista" tornou-se "a elaboração material de uma ideia", por exemplo.

Na realização de alguns projetos, os modelos convencionais podem não ser suficientes como base avaliativa. Por isso, são definidos outros parâmetros para o acompanhamento crítico da produção artística, sobretudo a contemporânea.

Houve um período em que o público deixou de ser participativo, o que alterou a postura do artista, o qual passou de alguém que busca integrar-se no sistema social para alguém que se isola voluntariamente.

As fotografias começaram a refletir um cuidado maior com sua elaboração técnica, no que se refere ao enfoque do corpo que é o objeto investigado pela câmera.

A criatividade origina e fomenta ideias. Conforme Ocvirk et al. (2014, p. 34), "uma ideia criativa [...] pode compreender um plano totalmente abrangente, um conjunto único de relações, uma atitude a ser transmitida ou uma solução".

Artistas iniciantes podem ter dificuldade em iniciar projetos em razão de bloqueios de criatividade. Nesse caso, os autores citados sugerem buscar conhecer mais o entorno, bem como obras de arte já existentes. Muitas vezes, essa problemática pode ser superada assumindo-se novos olhares sobre o material – encobrindo-se parte da obra ou colocando-a de cabeça para baixo, por exemplo.

Há múltiplas estratégias para que um produto alcance o público potencial. Nesse sentido, para que uma obra obtenha resultados positivos, é fundamental que o idealizador recorra à análise e avaliação críticas.

Futuramente, será necessário "para o escritor ser um artista, assim como para o artista ser um escritor" (Lippard; Chandler, 2013, p. 15). A arte pode ser experimentada para que se extraia dela um esquema intelectual. Logo, pinturas e esculturas, por exemplo, devem ser tratadas como objetos de referência para a elaboração de outras imagens/representações.

Para Italo Calvino (citado por Salles, 2007, p. 25), "discutir arte sob o ponto de vista de seu movimento criador é acreditar que a obra consiste em uma cadeia infinita de agregação de ideias". Não é só o produto considerado acabado pelo artista. Perde-se muito da arte por não se assistir a ensaios.

Os artistas adotam, de forma geral, "a visão de que cultura é tudo aquilo que os inspira e se concretiza em obras de arte e várias são as menções bibliográficas que utilizam cultura e arte de forma praticamente sinônima" (Reis, 2003, p. 8).

Albert Rothenberg, um psiquiatra norte-americano, passou sua vida profissional estudando a criatividade em seres humanos e conseguiu identificar formas específicas do comportamento quando alguém tem uma ideia. Trata-se do momento em que novas identidades são concebidas, o que esse teórico sintetizou com a metáfora "a estrada era um foguete de luz solar".

A criatividade envolve elementos e ideias filtradas pela percepção e pelos sentimentos de um indivíduo. Nas palavras de Pablo Picasso (citado por Gompertz, 2015, p. 31): "começo com uma ideia e então ela se torna outra coisa" e "os bons artistas copiam, os grandes artistas roubam". Essa última afirmação (bastante realista, quase desiludida) enfatiza que a originalidade se apoia na imitação.

A produção cultural funda-se na criatividade para oferecer um conteúdo diferente do já conhecido pelo público – um produto direcionado ou não a um grupo, mas sempre à disposição para venda.

Grace Dunham (citado por Thornton, 2014, p. 119), um escritor e ator norte-americano, mencionou que "um artista sério é parte de uma progressão da história da arte e está envolvido num determinado mundo global". Em contrapartida, a existência de um artista "não sério" deve-se mais ao contexto do que à produção da arte.

Os espetáculos e as atraentes obras dadaístas tinham poderes traumáticos e favoreciam o gosto pelo cinema, que demandava grande atenção. A pintura, por seu turno, convidava à contemplação.

Na arte contemporânea, as ações artísticas e teóricas de corpos considerados objetos e marginalizados ganharam visibilidade em virtude da legitimação de modos de produção criativos.

> Como aponta Pareyson (2001), a arte é um tal fazer que enquanto faz inventa o por fazer e o modo de fazer. Daí infere-se [sic] que a arte produzida por artistas com deficiência emergiu no fazer e no pensar sobre corpos, realidades e estruturas sociais excludentes. Essa arte originou-se do rompimento de paradigmas impostos ao corpo considerado incapaz, ao mesmo tempo em que o enfrentamento às estigmatizações sofridas configurou nos indivíduos um fazer artístico de resistência e não dependência dos modelos sociais segregadores. (Teixeira, 2018, p. 10)

Com os avanços tecnológicos nessa conjuntura, o corpo e a estética dos objetivos foram revelados e globalizados. Arantes (2018) cita que, no Museu de Arte Moderna de New York (ou MoMA), foi apresentada uma escultura cinética que se autodestruía no decorrer do evento, algo inovador em razão tanto do uso de tecnologia quanto da contribuição do espectador para a obra. Em outras exposições, dispositivos sofisticados criaram a sensação de movimento, ao passo que o uso de tecnologias audiovisuais como expressão artística abriu as portas para o desenvolvimento da videoarte.

O que é
A **videoarte** surgiu na década de 1960, com influência da televisão e das artes plásticas. Trata-se de uma espécie de diálogo entre cinema, televisão e vídeos, sendo estes seu componente principal. Atualmente, vem se aprimorando por meio do emprego de recursos de realidade virtual.

Freire (2006) destaca que, no início da videoarte no Brasil, o corpo aparecia frequentemente nos vídeos. Por exemplo, uma artista bordou a expressão *"made in* Brazil" na sola do pé e um jornalista engoliu páginas de jornal em protesto pelo fato de um texto ter sofrido censura – ações estas que demarcam um território vivencial. Na época, não havia recursos de edição; por isso, a filmagem era direta, sem cortes, com falhas incorporadas à narrativa.

As produções artísticas e os sistemas telecomunicacionais permitiram aos artistas deixar o convencional de lado e aproximar-se de sujeitos provenientes de diversos lugares. Graças a mídias como os computadores, as produções puderam ser acessadas de qualquer local e a arte tornou-se mais interativa.

No início da carreira, o artista adquire conhecimento por meio da cópia: pintores passam uma longa fase reproduzindo grandes pinturas e escritores leem seus romances favoritos na tentativa de assimilar um estilo em particular. Gompertz (2015) compara esses profissionais a crianças que ouvem uma música e tentam reproduzi-la.

A trajetória de Picasso é um exemplo de criatividade e dinamismo, com a feitura de inúmeros quadros em um curto período de tempo, quando ele ainda era desconhecido. Em Paris, ele teve ajuda de um amigo, que convenceu um importante negociador de arte da cidade a ajudá-lo a organizar uma mostra individual. Picasso, então, passou meses pintando quadros, cerca de 3 por dia, chegando a mais de 60 pinturas concluídas com imensa variedade de estilos. Em alguns momentos, ele copiava ilustres pintores. Porém, uma vez que almejava tornar-se Picasso, alguém renomado, acabou mudando de conduta.

Assim, Picasso passou de copista a mestre surpreendentemente original, com pinturas de produção magnífica. Certa vez, deixou clara sua compreensão acerca do poder criativo humano ao afirmar que "a arte não é a aplicação de um princípio de beleza, mas o que o instinto e o cérebro podem conceber além de qualquer princípio" (Picasso, citado por Gompertz, 2015).

Outros pintores também se destacaram por começarem sua carreira replicando outras obras – artistas com incertezas e imenso desejo de que o mundo conhecesse suas produções pontuais e extraordinárias.

> alguns argumentos a favor do comportamento de mercado em relação à cultura podem ser arriscados. O primeiro deles é a inexorável realidade: vivemos num país capitalista, num mundo globalizado, voltados para as relações da economia de mercado. Entender o funcionamento dessas regras de mercado é questão de sobrevivência hoje, e serve também como instrumento de repertório para os profissionais que, por questões éticas e históricas, têm de oferecer visão crítica da sociedade ao seu público. (Brant, citado por Paula, 2017, p. 47)

É impossível desvincular o produto da arte de seu caráter mercadológico, pois essas naturezas (arte e mercadoria) estão diretamente associadas a um poder simbólico exercido pelos produtos culturais. Esse produto de poder simbólico atrai a iniciativa privada, suscitando o patrocínio de artistas e o uso do marketing vinculado à cultura para divulgar a imagem de empresas.

A produção de obras artísticas difere-se de outros trabalhos por visar a produtos diferenciados e não destinados à reprodução.

Para Paula (2017, p. 48), a arte, quando tratada como produto, "não perde seu caráter crítico da sociedade ou [...] sua força ao se [...] [mostrar] suscetível ao mercado ao qual está imposta. O artista não somente é capaz, mas resiste às concessões exigidas e adequa-se ao mercado". Em contraposição a isso, Machado Neto (2002) alega que, convertida em mercadoria, uma produção não pode manter o *status* de obra de arte.

O artista é considerado um elemento vivo no processo de negociação. Nesse novo contexto cultural, a arte pode tanto criticar a mercantilização da cultura quanto fazer bom uso do investimento privado/público, o que gera benefícios a todos os atores sociais do mercado da cultura.

> **Exercício resolvido**
> O artista e sua obra (visual, física ou auditiva) se complementam, e a ausência de um desses elementos implica a inexistência do outro.
>
> Sobre a influência do artista na confecção de seu produto artístico, tendo em vista o que foi discutido até aqui, é correto afirmar:
> a) O artista não deve intervir na criação de seu produto. Seu papel é, exclusivamente, apresentar o que lhe foi solicitado e obter sucesso em seu país e no mundo.
> b) O artista é quem dá vida à obra de arte, que é permeada por seus sentimentos e suas perspectivas. Logo, o processo de (re)produção é algo de incumbência desse profissional.
> c) A criação do produto artístico deve ser realizada por pessoas preparadas e apenas em locais públicos de grande movimento, para que haja maior inspiração.
> d) O artista confecciona seu produto com vistas ao público que deseja atingir. Todavia, ignora nesse processo seus sentimentos e suas perspectivas.
>
> **Gabarito**: b
>
> **Feedback do exercício**: embora um ator, por exemplo, não escreva seu papel em uma peça teatral ou um filme, compete a ele incutir seus sentimentos e outras expressões no que será transmitido ao público. Nesse sentido, o papel do artista extrapola a apresentação da arte, sendo fundamental, na verdade, a produção da obra em si. Por isso, a alternativa correta da questão é a "b". Acerca das demais alternativas, a "a" está incorreta porque o artista deve influenciar a produção; a "c" está equivocada pois o processo criativo de algumas produções requer locais fechados e silenciosos; e a "d" está errada em razão do fato de sentimentos e expressões serem os principais aspectos que um artista adiciona à sua criação.

A arte como produto é dependente do artista, revela a verdade de uma época e é o ponto de contato entre artista, patrocinador, instituições e público. Ela emerge no momento em que o mito deixa de ser objeto de crença e se torna objeto de inspiração.

O valor de uma obra de arte estabelece um mercado em que o alto grau de subjetividade dificulta uma avaliação mais técnica. Desse modo, esse setor produtivo conta com diversos profissionais, mas carece de conhecimento mais aprofundado.

A relação do público com a obra de arte e com o objeto industrial é diferente. Quem compra um quadro adquire um objeto de contemplação e valor cultural. Entretanto, há quem considere a obra de arte algo descartável.

A distribuição dos bens culturais é feita por intermédio dos meios de comunicação, cujos conteúdos e formatos respeitam a legislação referente à comunicação.

Alguns tipos de arte permitem questionar se, sendo reproduzidos massivamente, não se tornariam um "artesanato utilitário", uma vez que, conforme Iberê Camargo (citado por Machado Neto, 2002), "a arte cria, a técnica fabrica".

Em uma realidade na qual tudo é produto, é importante delimitar qual é o lugar do produtor teatral, que participa do processo de criação artística e corre o risco de se adaptar ao mercado, segundo Janiaski (2008).

Na modernidade, houve a difusão da arte, e os artistas passaram a se relacionar com empresas, o que gerou produtos que circulam como mercadoria, que se transformam em fantasia, ilusão, comprada e consumida pelos sujeitos.

O teatro de grupo é um exemplo de produção artística que implica a ideia de um grupo sustentado pelo eixo do trabalho artístico e ideológico. Esse tipo de teatro caracteriza-se pela autogestão, em que se combinam elementos de identificação afetiva e técnica, bem como pela liberdade de criação em face da indústria cultural.

O grupo de teatro que incorpora um projeto criativo demanda uma lógica particular diferente das lógicas de mercado. É necessário que conte com uma pessoa para estabelecer relações na figura de produtor, que é responsável não somente pela gestão, mas também pelo delineamento de alternativas para o grupo, planejando e desenhando metas.

Para Janiaski (2008), o uso de mídias e anúncios faz proliferar uma cultura de vício de imagem, o que exige uma reflexão sobre a relação dos artistas com o mercado capitalista, pois estamos numa época de mercantilização dos gestos humanos, havendo a perda do espaço de autonomia criativa da arte e de sua postura de resistência ao *status quo*.

O consumo não é capaz de suprir todas as necessidades do homem, e aqui emerge a arte – naquilo que o mercado não é capaz de atender. De um lado, fundações culturais no país dedicam-se a obras físicas ou espetáculos e eventos com artistas consagrados. De outro, empresas utilizam as artes para humanizar sua imagem ou investem em cultura com o objetivo de marcar presença nos lugares em que ela pode ser acessada, ambientes nos quais circulam consumidores de grande poder aquisitivo.

> As manifestações artísticas ficam desta forma, reduzidas e até mesmo presas aos padrões impostos pelo mercado e a sua lógica de ação, que é a do consumo e do entretenimento. A reificação da cultura capitalista tornou a Indústria Cultural o principal aparelho ideológico da contemporaneidade, "Num mundo governado pela produção de mercadorias, o produto controla o produtor, os objetos têm mais força do que os homens" (FISCHER, 1987: 96), e este campo é sempre conduzido pela produção em série, ou por uma lógica onde o produto é sempre mais importante e valorizado do que o tipo de técnica ou conteúdo que ele tem embutido, assim como a irrelevância de outros fatores como, por exemplo, se este produto provoca algum tipo de transformação social ou não; ou se ele tem ou não algum mérito artístico. (Janiaski, 2008, p. 8)

O artista, em alguns momentos, colabora com organizações sem fins lucrativos, mas se volta a outras no mercado por precisar garantir sua subsistência. Seu produto chega às prateleiras de livrarias e a exposições ou palcos como fruto de uma intensa produção, que contempla dúvidas, ajustes, certezas, acertos e aproximações; logo, a criação é um percurso precário e contínuo de metamorfose, de acordo com Salles (2007). Nesse sentido, o artista levanta e testa hipóteses até finalizar parcialmente a obra – uma realidade nova, experienciada e avaliada pelo profissional e, posteriormente, pelos receptores. Pouco a pouco, essas transformações vão dando materialidade ao objeto.

Para Picasso (citado por Salles, 2007, p. 30), "o processo criador é um percurso com um objetivo a atingir, um mistério a penetrar", e a intenção do artista é colocar obras pelo mundo, uma prática que se renova a cada produção. Mario de Andrade (citado por Salles, 2007), por sua vez, afirmava que a arte era uma doença e uma insatisfação humana, e o artista, como forma de combatê-la, faz mais arte.

> **Exemplo prático**
> O processo de construção pode ser exemplificado como a construção de um personagem, em que o ator deve seguir um percurso obrigatório para seu papel, mas ele pode e deve variar. Aceitar a intervenção do imprevisto significa a compreensão do papel do artista, e ele, envolvido no clima de produção de uma obra, passa a acreditar que o mundo está voltado à sua necessidade naquele momento, em que se transforma tudo em prol de seu interesse.

O artista tem, além do desejo do reconhecimento, o de recompensa material, e isso está ligado à tendência e à materialização de uma obra. Sem a recompensa material, a obra consequentemente não acontece.

> Esse processo de dar forma a sonhos ou de suprir necessidades realiza-se por intermédio da sensibilidade, da concretude da materialização e da ação do conhecimento e da vontade. Pode-se perceber a predominância de um ou outro desses elementos em determinados momentos do processo; há, também, diferenças pessoais que podem mostrar processos com predominâncias diversas, assim como há singularidades em cada processo de um mesmo artista, pois o ato criador nunca se desenvolve, exatamente, do mesmo modo. (Salles, 2007, p. 53)

Marques e Brazil (2014) consideram que o produto artístico interessa aos museus, não aos artistas. O que interessa aos artistas é o processo, o que não é do interesse dos consumidores. O produto só interessa aos executivos, aos intelectuais, aos filósofos, e o processo é do interesse das universidades, não do público-alvo desses produtos.

Diversos críticos de arte, pesquisadores, historiadores, entre outros, discutem sobre o produto *versus* o processo, o que alimenta mais a arte, que está sempre em movimento criativo. Finalizar um produto pode ser algo conservador, mas a ausência de público para o trabalho finalizado é um desprezo para com o artista.

> No caso de artes de *performance* (dança, teatro, música), o produto compartilhado mobiliza-se e é recriado justamente em função do encontro com os espectadores. Aqueles que já tiveram a experiência de entrar em cartaz – apresentar o produto mais de uma vez pelo menos – sabem o quanto o espetáculo entendido como "pronto" modifica-se, cresce, encorpa, sofre constante transmutação a cada encontro com o público. Ou seja, produto finalizado não precisa ser visto como sinônimo de produto final. Finalizar um produto não precisa ser sinônimo de acabar de terminar, de cristalizar – a finalização e o contato com o público poderiam ser vistos como estar pronto para iniciar um novo e extraordinário processo de transformação. (Marques; Brazil, 2014, p. 11)

Quanto à polêmica processo/produto em apresentações, o produto acaba sendo experimentado e vivido, assim como o processo de realização em uma apresentação escolar com o uso de coreografias, porém com a diferença de que, na escola, a arte é vista como um processo de educação, enquanto para os profissionais ela se constitui em sua dedicação e seu trabalho.

Perguntas & respostas
O que são artes de *performance*?
Arte de *performance* é uma modalidade artística que mistura diversas linguagens, como teatro, música e artes visuais. Surgiu na segunda metade do século XX com o Manifesto Dadaísta, que rejeitava o conservadorismo da arte, e tem relação com movimentos modernistas. Essa manifestação artística é realizada com um público restrito. Alguns sujeitos podem ser convidados a participar e se envolver. Em alguns momentos, no entanto, não há espectadores.

Conceituada como um produto de uma teoria desorientada (Shusterman, 1998), a arte precisa ser repensada como experiência (talvez seja o mais correto) e também como prática. O que anteriormente era realizado como imitação e ação agora é aplicado a objetos novos.

Há diversas críticas ao fato de a arte ser um objeto de natureza lucrativa, que se configura como um produto criativo e padronizado do interesse público da massa, sacrificando os objetivos da expressão artística pessoal, contra a criatividade, a originalidade e a autonomia da arte popular.

Critica-se a industrialização, que leva à padronização de técnicas, sufocando a livre expressão do criador e limitando a escolha do público. O artista é rebaixado de criador para trabalhador de linha de montagem. Não satisfaz o público, é forçado a pensar em um produto que agrade, porém não existe outra alternativa no mercado.

Para Shusterman (1998, p. 266), "a significação de uma obra é o produto do contexto sempre mutável da experiência, que envolve um jogo interativo entre o produto artístico, relativamente estável", e o organismo e seu ambiente, em constante fluxo.

Considera-se a experiência uma interação do produto artístico com o indivíduo, sendo diferente entre as pessoas. A verdadeira obra de arte é o que o produto faz com a experiência.

O projeto artístico demanda um planejamento ou, até mesmo, um "programa de gestão voltado aos interesses artísticos do mesmo, que sim: atinjam o mercado, mas não se vendam ao mercado, ou seja, a arte pode e deve ser uma fonte geradora e distribuidora de renda" (Janiaski, 2008, p. 10), sendo necessário refazer os procedimentos de mercado que deveriam atender à arte, mostrando-se, com o fazer artístico, a importância que o teatro, por exemplo, pode ter na vida individual e coletiva.

O artista deve estar apto para articular a criação artística com o mercado, mas mantendo sua essência. O produtor deve ser um fomentador de cultura, independentemente dos segmentos da sociedade, mostrando, por meio de seu fazer artístico, a importância do teatro na vida da pessoa.

> **Exercício resolvido**
> O mercado da arte já passou por diversos desafios. Diante da evolução da tecnologia, com o surgimento da televisão, dos vídeos, das mídias sociais e de outros meios, tem buscado inovar, tal como diversas outras áreas. O principal foco da arte, no entanto, continua a ser a criação ou, até mesmo, a recriação de algo que deu certo.
>
> Com base nisso, assinale a alternativa que apresenta a relação central entre artista e produto:
> a) O artista procura colocar sentimento em sua obra, o qual é expresso por meio de cores, formas, sons ou cenas transmitidas a determinado público.
> b) O artista busca expressar seu sentimento, mas sempre enfoca a lucratividade para, futuramente, decidir sua principal relação com a arte.
> c) A busca por lucratividade é a real relação do artista com seu produto. Se o público-alvo vai se identificar ou não com o que lhe é proposto, isso não vem a ser do interesse desse profissional.
> d) A principal relação entre o produto e seu idealizador é o custo que o artista tem nesse processo. Por isso, deve diminuir as despesas para obter maior lucratividade.
>
> **Gabarito**: a
>
> ***Feedback* do exercício**: a principal relação entre o artista e seu produto é a possibilidade de expor sentimentos por meio dele, desde que não seja visto como objeto lucrativo. Por isso, a alternativa correta é a "a". A alternativa "b" está incorreta justamente por dar relevo à lucratividade; o mesmo vale para as alternativas "c" (desconsideração da perspectiva do cliente) e "d" (enfoque nos custos para alcançar ganhos financeiros).

1.3.2 Marketing pessoal para artistas

A importância do uso do marketing pessoal tem várias nuances, acarretando novas oportunidades de trabalho diante da competição com diversos profissionais, ou seja, confere visibilidade pessoal no desenvolvimento da carreira, independentemente da área profissional.

Gompertz (2015, p. 49), com relação aos artistas, afirma: "uma porção mínima de cor pode mudar radicalmente a aparência da mais ampla pintura". Se o mínimo de detalhes faz toda a diferença em uma obra de arte, o artista também deve preocupar-se com eles em sua apresentação pessoal.

Ritossa (2012) considera que adaptar estratégias em nossa vida é fundamental para iniciarmos o processo de construção. É importante destacarmos que a construção de nossa marca pessoal deve estar ligada a fatos, jamais a alguma informação incorreta, visto que isso delineia uma imagem irreversível.

> precisamos saber o que compõe uma marca. Essencialmente, você é o único constituinte da marca. Isso significa considerar a sua personalidade, seus gostos, seus interesses e sua integridade. Sob o ponto de vista profissional, contamos com ingredientes como seus valores e ética profissional, a qualidade de seu trabalho e o seu nível de desempenho. De nada adianta sermos pessoas de conduta irrepreensível se nossas habilidades e competências profissionais não nos qualificarem. E, ainda, de maneira geral, lembre-se de que tudo o que fazemos publicamente contribui para a construção de nossa marca. Qualquer pessoa que nos observa deve ser considerada uma multiplicadora em potencial das impressões que causamos, boas ou ruins. Nada do que fazemos passa despercebido. (Ritossa, 2012, p. 23)

A percepção dos outros sobre nós compreende a maneira como andamos, falamos, nos vestimos; nossa formação e profissão; o cumprimento de nossas obrigações e promessas; nosso cônjuge e círculo de amizades; o bairro em que moramos; o carro que dirigimos; e os locais que frequentamos, sendo que a imagem está associada à marca que possuímos.

Os pontos fortes e fracos são analisados. Por isso, a percepção dos outros é fundamental para a compreensão da própria imagem. Caso se prefira uma marca pessoal que desperte uma imagem positiva nos diversos ambientes, é preciso corrigir as eventuais distorções que pessoas externas possam enxergar.

Características como a maneira de se comunicar, o serviço que é oferecido e os atributos da marca podem ser o diferencial esperado pelo consumidor no momento de sua escolha.

O projeto de marketing pessoal permite duas constatações no meio corporativo. A primeira é que as empresas sabem que é impossível satisfazer as necessidades de todos os consumidores. A segunda é que, mesmo que fosse possível satisfazer todos esses consumidores, as empresas não teriam capacidade de atender a todos os tipos de demanda do mercado.

Os clientes têm expectativas com relação a determinado comportamento, que pode ou não passar uma boa imagem e agradar a um segmento específico, pois não é possível satisfazer a todos. Por isso, segmentar e definir o público que se quer é importante para o desenvolvimento de uma estratégia de marketing pessoal.

Ritossa (2012) considera a escolha do público-alvo, ou do nicho de mercado, uma das etapas mais importantes, que possibilita o direcionamento das ações e decisões, e cada situação requer o desenvolvimento de uma rede de relacionamentos específica e uma estratégia de aproximação dos perfis.

A obtenção de informações com a realização de pesquisas e com a coleta de dados vai auxiliar no mapeamento do mercado de trabalho, momento que aponta os direcionamentos a serem seguidos e as deficiências a serem superadas.

Há pessoas que identificamos pelo rótulo atribuído por outrem. Para Ritossa (2012, p. 34), "posicionar a nossa marca pessoal é, portanto, criar rótulo que vai ficar na mente das pessoas que fazem parte do nosso público-alvo". É necessário que se disponha de uma marca forte e diferente das demais e que se assegure aos consumidores que são diferentes dos demais.

O indivíduo deve identificar o que o diferencia dos concorrentes. Suas habilidades e competências sustentam seu posicionamento, porém é necessário paciência e persistência. Buscar inovar é algo que auxiliará no posicionamento com relação ao mercado. Nem sempre é possível, mas, se há uma possibilidade, não se deve hesitar.

Por maior qualificação que a pessoa possa ter, o avanço tecnológico está sempre promovendo constantes mudanças. Sua flexibilidade para se adaptar às novas demandas e atuar de acordo com a exigência do mercado é um diferencial que se reflete na estratégia.

> Se você obtiver êxito em sua estratégia de posicionamento, esteja certo de que outros concorrentes vão querer imitá-lo. Prepare-se para lidar com essa situação. É fundamental manter seus conhecimentos constantemente atualizados e em sintonia com as demandas do mercado. Faça pesquisas, observe

> novos nichos de mercado, informe-se a respeito do segmento em que pretende atuar, enfim expanda seus horizontes. Caso seja você quem quer imitar o posicionamento da concorrência, assegure-se de que possui algo a mais a oferecer do que os concorrentes. (Ritossa, 2012, p. 36)

Nesse contexto, surge a necessidade de contar com um produtor cultural criativo e não comercial. De acordo com Janiaski (2008), ignorar leis de mercado é levar sua produção ao fracasso, mas vender seu processo criativo ao mercado é destruir sua arte. A lógica da indústria cultural incentiva a profissionalização do produtor cultural como forma de isenção do Estado.

> o produtor que se vê diante do produto e dialogando com este produto vai buscar alternativas de sobrevivência. Vai procurar desenvolver estratégias de divulgação e comercialização que indiquem a negação dos modelos hegemônicos e a busca de sistemas alternativos. O produtor criativo e engajado com o trabalho artístico vai buscar alternativas para conviver com as leis de mercado, e não fazer dessas leis a baliza fundamental do trabalho criativo. (Janiaski, 2008, p. 9)

A criação é basicamente instrumentalizada pelos processos qualitativos. Ter estratégias proporciona o direcionamento que se deseja, principalmente como forma de adquirir conhecimento específico acerca do objetivo que se quer atingir.

Para o artista, sua imagem pessoal reflete, muitas vezes, a decisão resultante de uma escolha. Por exemplo, um cantor *pop* que tem como público-alvo adolescentes precisa se vestir de acordo com a moda. Se ele colocar um terno e uma gravata para suas apresentações, provavelmente não conseguirá ter a atenção dos jovens.

Para Heller (1991, p. 15), "o segredo do sucesso é que o sucesso não tem segredo". O sucesso está diante de seus olhos, enquanto outros não o veem. Nem todo mundo é extraordinário. Os grandes sucessos aparecem de maneira espontânea, inesperada.

> No comércio, bem como na política, esta não é a época dos grandes batalhões. As grandes indústrias cinematográficas de Hollywood perderam seu poder dominante para as empresas independentes; a influência da IBM na indústria de computadores mundial foi quebrada pelos independentes; as lojas de departamento gigantes e em cadeia perderam seu quase monopólio no varejo para as independentes. Esta é uma palavra ótima: independente. Agora, como jamais aconteceu antes, é possível de se entalhar sucessos independentes extraordinários através do exercício e exploração do talento extraordinário. (Heller, 1991, p. 16)

A arte do sucesso está na escolha do fator específico extraordinário, sendo necessário apresentar e focalizar o ponto de vista favorável à excepcionalidade do produto. O problema é que muitos produtos ou serviços não são únicos, e cada indivíduo difere do outro.

Os seres humanos são adaptáveis e se acostumam a diversos tipos de ambiente para sua sobrevivência e seu sucesso. A arte do sucesso consiste em lutar com as forças que se conseguiu desenvolver. Isso ocorre se o indivíduo conhece a si mesmo como efetivamente pode ser.

Bernard Berenson, influente em artes clássicas, tinha como propósito de sucesso sua erudição. Inicialmente, contou com a conquista de patrocinadores ricos, que financiaram sua partida. Começou a compilar obras conhecidas, tornando-se famoso por livros não escritos por ele, e sim por sua esposa (Heller, 1991).

O grande autenticador, com suas produções fraudulentas, teve suas obras disponibilizadas para a venda em uma loja de Londres, com exclusividade e a preços altíssimos. Passado o tempo, sua ambição pelo sucesso foi confundida com ânsia pelo dinheiro e falta de moralidade pessoal, características que eram transmitidas facilmente.

A riqueza, para o grande mestre, encontra-se no sucesso e não precisa ser material. A primeira categoria indispensável aqui são os mentores, como o pianista ou a bailarina. Os sábios procuram ajuda de mentores mesmo depois de alcançarem níveis maiores.

Para os irresponsáveis com o sucesso, a multiplicação de arrogância tem um contraste. Deve haver abertura para dar continuidade ao aprendizado durante toda a vida.

A exploração de um talento humano especial, ou Proposição Específica de Sucesso, é impossível sem se recorrer a uma hierarquia de outros talentos, cujo próprio sucesso lança mão, fortemente, do talento de seus empregadores. O sucesso precisa do talento de todos os outros – empregados, conselheiros, fornecedores, contratantes, investidores – que dependem dele, da mesma forma que aqueles de quem ele depende. Ele também precisa de suas vítimas, aquelas cuja derrota é o reverso de seu triunfo. (Heller, 1991, p. 80)

O marketing pessoal, de acordo com Emrich (1999), é baseado na imagem que se tem de si mesmo e na percepção de como os outros veem você, possibilitando um melhor conhecimento do indivíduo e a valorização de sua imagem, seu jeito de ser, suas ideias, seus valores e seus sentimentos.

A comunicação com o outro pode obter diversos resultados – às vezes, agradar, estimular, instruir, apoiar ou ferir, entristecer e magoar. Como a autora ressalta, saber argumentar é uma arte, mas ouvir também o é.

Emrich (1999) cita algumas dicas para o contato com a imprensa, quando você é notícia com seu trabalho ou necessita investir no marketing profissional ou pessoal:

- Demonstre segurança e conhecimento das informações transmitidas.
- Esteja sempre preparado para situações e perguntas inesperadas, procure ter informações sobre quais perguntas serão feitas, qual será o público e quais são os interesses da imprensa e da comunidade.
- A fala deve ser conforme o tempo disponível. Seja breve e objetivo. Faça um esquema sobre o assunto que será proposto.
- Seja uma entrevista, seja um debate, é o momento para criar uma boa imagem, que será analisada pelo conjunto apresentado (postura, sorriso ou voz). Caso se sinta nervoso, respire fundo e pense em como começar.
- Fale apenas na sua vez.
- Seja pontual, chegue alguns minutos antes.
- Mantenha uma postura firme, fale sempre claro e naturalmente.

- Evite gestos e movimentos rudes.
- Evite barulhos, como bater a caneta na mesa.
- Em intervalos, procure relaxar e confira as informações que serão transmitidas.
- Tenha preocupação com a aparência pessoal, para ter um efeito satisfatório.
- Evite excesso de acessórios, pois isso cria um efeito visual poluidor.
- Opte por uma maquiagem leve no rosto.
- Depois de enviar o convite de determinado lançamento, convém telefonar para confirmar a presença.
- Se tiver algo a reclamar da imprensa, a melhor maneira é procurar o jornalista responsável.
- Marque data e horário. Nada mais desagradável do que chegar em um momento inadequado.

Como foi abordado, a aparência visual pode ajudar ou atrapalhar. É necessário fazer uma análise de como está seu visual. Muitas vezes, as observações são consideradas desnecessárias e esquece-se de valorizar a primeira impressão causada nas pessoas. Vale usar o bom senso e o discernimento, que seguem tendências e valores. É necessário ter como base informações conhecidas, como percepção de si próprio e do local onde se convive.

O jeito de se produzir depende da profissão de cada um, do local de trabalho, do estilo de vida, da idade, da cultura local e das preferências individuais. Há tipos diferentes de trajes, definidos conforme o grau de formalidade da ocasião (traje esporte, passeio, esporte fino, completo ou social ou, até mesmo, *smoking*).

A existência de diferenças culturais, para Emrich (1999), deve ser levada em consideração, como os costumes, os hábitos e a cultura específicos de cada país. A possibilidade de ter um conhecimento antecipado permite uma preparação melhor, até mesmo para a apresentação do trabalho.

O comportamento coletivo é a chave para se agir como um deles. Os americanos, por exemplo, apresentam características específicas para seus cardápios e horários de alimentação, além de separarem com clareza o relacionamento pessoal e o profissional. Os brasileiros, por sua vez, adoram agradar, conversar tocando fisicamente as pessoas, com beijos ao se cumprimentarem. Já os japoneses não gostam de contato físico com estranhos; por isso, evite abraçar, dar tapas nas costas e apertar as mãos de maneira longa e forte.

Ter conhecimento dessas diferenças culturais facilita as relações sociais. Para causar uma boa impressão, é preciso dirigir-se às pessoas com cortesia, independentemente do país ou da posição social, o que causa um efeito positivo no início de um relacionamento.

O marketing pessoal especificamente para artistas deve ser transmitido conforme seu público. Obras de arte são vendidas para apreciadores da arte, ao passo que atores têm a transmissão de sua imagem por meio de filmes ou novelas. Já cantores divulgam sua música por meio do rádio ou apresentações na televisão, mas seu público pode ser específico de acordo com o gosto cultural da sociedade (*rock*, sertanejo, entre outros).

Atualmente, com as mídias sociais, surge a possibilidade de divulgação do trabalho artístico. Essa aproximação com o público, de forma diferente e gratuita, possibilita ao artista vender sua imagem, o que é de importância fundamental no uso adequado do marketing pessoal.

No que se refere ao conjunto de ações de comunicação, o artista pode utilizar a internet para fortalecer sua marca e aumentar o alcance dela pelo mundo.

Vejamos algumas orientações de marketing digital específico para artistas (Artluv, 2021):

- **Tenha uma bibliografia**: relevante e otimizada, é essencial para que todos conheçam sua carreira artística. Deve ser bem escrita, rica em palavras-chave e ter uma bibliografia bem completa.
- **Tenha um portfólio *on-line***: é necessário compor um *portfólio* bem-feito, que seja visualmente atraente e cative o cliente.
- **Seja ativo nas redes sociais**: invista seu tempo criando conteúdo nas redes sociais. O mundo digital é favorável para aumentar suas chances de viver a arte.
- **Faça contato com outros artistas**: o mercado da arte é movido sempre por boas formas de relacionamento, e isso pode ser feito pela internet. É possível interagir com artistas, trocar experiências, compartilhar seus trabalhos e até aprender novas técnicas.

- **Aposte em plataformas digitais**: as alternativas na *web* são imensas (*sites*, *blogs*, plataformas, comunidades, fóruns e redes sociais).

Paulino (2020) apresenta dicas para artistas e músicos como estratégias de marketing para a divulgação de seu trabalho, a construção da carreira e o impulso à vida profissional:

- **Conheça seu público-alvo**: conheça, inicialmente, o perfil dos fãs, a fim de saber para quem será direcionada a atenção.
- **Tenha um *site* profissional**: o *site* permitirá divulgar seus futuros eventos e suas expectativas.
- **Poste vídeos regularmente no YouTube**: é uma forma de divulgação de sua obra e de criar engajamento em torno de suas músicas autorais.
- **Crie uma página de artista no Facebook**: o Facebook é uma das redes mais utilizadas por músicos que têm interesse em investir no marketing digital. Invista em sua identidade visual e compartilhe *stories* e *posts* no *feed* a respeito de seus futuros eventos.
- **Cresça no Instagram**: é uma jogada certeira. Faça *posts* semanalmente para divulgar suas obras e interagir por meio dos *stories*.
- **Mantenha um *blog***: escreva ou contrate um profissional e não se esqueça de deixar um espaço para comentários.
- **Envie *newsletters* regularmente**: *newsletters* são *e-mails* disparados para envio de conteúdos.
- **Marque presença em eventos**: contatos são fundamentais para que sua estratégia possa se consolidar. Aproveite dias de folga para ir a bares, casas noturnas e eventos para encontrar pessoas importantes.
- **Crie uma identidade musical**: construa uma identidade que represente sua música como um todo e estabeleça critérios de comportamento.
- ***Networking* para artistas**: contatos são essenciais, e essa é uma das práticas que se deve priorizar.

O psicólogo Seymour Epstein propõe uma medida chamada "pensamento construtivo", definido como "a capacidade de responder efetivamente a vida". Essa capacidade é afetada pela experiência, mais facilmente desenvolvida do que os talentos com números ou de cultura geral, de acordo com Heller (1991).

O que aumenta a probabilidade de sucesso é a concentração da mente e do corpo nos objetivos propostos. O sucesso, algumas vezes, envolve crises de dúvida a respeito de si mesmo. A crise é auto-fabricada. Talvez a pessoa não seja capaz de aplicar a força em virtude de um bloqueio ou dificuldade, mas isso só pode ser rompido pelas mesmas forças que causaram esse estado, como a incerteza.

A situação passa por uma recomendação de um exercício psicológico citado por Heller (1991, p. 113): "os pensamentos derrotistas (como 'não sou mais capaz de representar') devem ser substituídos por uma ideia efetiva ('posso desempenhar qualquer papel mais brilhantemente do que nunca')". O autor complementa com "Dez regras espartanas", apresentadas a seguir:

1) Crie trabalho para si mesmo;
2) Tome a iniciativa de executar seu trabalho;
3) Agarre-se a grandes oportunidades de trabalho;
4) Escolha trabalhos difíceis, para progresso;
5) Inicie uma tarefa e a conclua;
6) Lidere aqueles que estão ao seu redor;
7) Tenha um plano;
8) Tenha autoconfiança;
9) Aplique seu cérebro à tarefa durante todo o tempo;
10) Não tema os atritos.

As dicas apresentadas são as de Hideo Yoshida. Ele transformou uma agência de publicidade do Japão em potência mundial. Com um pensamento construtivista, ressalta o sucesso com os valores que podem encobrir a falta de confiança, sua própria descrença.

> **Exercício resolvido**
> O marketing pessoal para artistas objetiva divulgá-los em projetos (feiras, eventos, entre outros) ou promover seus trabalhos (música, livro, artesanato, entre outros), bem como estabelece diferentes formas de comunicação com seus consumidores.
>
> Com base nisso, assinale a alternativa que apresenta estratégias de marketing pessoal para artistas:
> a) Ter cuidado ao dizer algo que possa ser comprometedor; falar somente na vez; não se preocupar antecipadamente com quais perguntas serão feitas.
> b) Aguardar que alguém lhe informe o que deve fazer; não ter iniciativa; quando indicada a tarefa, iniciá-la e concluí-la conforme acordado; ter autoconfiança.
> c) Atentar para a roupa de acordo com o evento; utilizar as mídias sociais para divulgar seu trabalho; ser pontual, conhecer pessoas e agarrar as oportunidades de trabalho.
> d) Escolher trabalhos difíceis; não se preocupar com a aparência, pois o que tem importância é o trabalho em si; ser pontual, agendar data e horário e cumpri-los.
> **Gabarito**: c
> ***Feedback* do exercício**: a alternativa "c" está correta por apresentar estratégias concretas e eficientes. A alternativa "a" está incorreta por negar a necessidade de se preocupar com as perguntas a serem realizadas. Por sua vez, a alternativa "b" está errada porque ter iniciativa, que é uma conduta positiva e bastante valorizada, contradiz a adoção de uma postura passiva. Por fim, a alternativa "d" é equivocada por negar a importância do cuidado com a aparência, um aspecto central para o marketing pessoal.

1.3.3 Marketing para artistas

No marketing para artistas, Portella (2021, p. 7) considera que "o objetivo maior de um artista é a conquista de seu público"; o artista pode alucinar a marca ou colocar na produção pessoas inexperientes, comprometendo a imagem do patrocinador.

A dificuldade que os artistas têm em obter um patrocínio é grande, principalmente quando estão iniciando a carreira. Encontrar uma empresa que apoie seu talento é um grande desafio. Os artistas, em alguns momentos da carreira, podem ter o rendimento médio menor do que o observado em algumas categorias profissionais, o que depende de sua fase de "sucesso". Para Greffe (2013), esse fator se deve ao tempo na atividade, à segurança no emprego, ao total dos rendimentos e à probabilidade de ser admitido.

Vejamos os tipos de artistas enquadrados no mercado cultural, de acordo com Greffe (2013):

- **Os pintores**: o valor do artista é mais social do que financeiro, uma vez que as gravuras são vendidas a um preço maior do que as originais, e isso varia muito com relação ao tamanho e à qualidade da produção.
- **Os escritores**: evoluíram no sentido contrário ao de outros artistas. Corneille foi um exemplo de quem obteve resultado financeiro porque foi um dos primeiros a se recusar a vender o texto de suas peças teatrais, garantindo, com isso, os direitos autorais delas. Para muitos autores, a imprensa é bem mais lucrativa que a edição.
- **Os profissionais de teatro**: o ator tinha um ganho maior do que o autor nos casos de atores reconhecidos, porém foi percebida uma redução do ganho dos autores.
- **Os músicos**: são considerados os que sofreram menos discriminação e que enfrentaram dificuldades econômicas, porém complementaram seus rendimentos escrevendo, vendendo e tocando partituras.

O público existente para as artes pode ser de interesse coletivo. As atividades culturais têm um efeito maior quando empreendidas em espaços fortemente povoados, como em cidades grandes, com capacidade de oferecer serviços que satisfaçam as necessidades dos turistas. Ademais, têm um efeito maior quando as necessidades dos habitantes locais são levadas em consideração.

Greffe (2013) acrescenta que a valorização de uma atividade cultural depende da racionalidade do consumidor, como um turista que se desloca para visitar um monumento por motivo cultural, religioso, comercial, recreativo, entre outros.

Os ofertantes de serviços culturais influenciam a maneira como os artistas podem expressar seus talentos, o que pode gerar o esgotamento do recurso cultural devido à má gestão. Para Reis (2003), no debate com relação ao patrocínio de um artista, é comum ouvir queixas sobre a falta de profissionalismo e disciplina de alguns artistas ou mesmo produtores culturais, que não estão comprometidos com os contratos celebrados. Por outro lado, também há artistas que reclamam de patrocinadores que rejeitam determinadas abordagens de temas, interferindo na verbalização de trechos de peça teatral ou na implementação de projetos.

Segundo Ferracciú (2007), para o artista, montar um roteiro associado ao produto não é fácil. Nesse caso, é preferível encontrar um artista acostumado com esse tipo de apresentação.

Há alguns cuidados com relação aos direitos autorais e alvarás para o espetáculo, sem falar que há artistas excepcionais e baratos a serem contratados. Evite a contratação de somente um artista, porque ele pode ficar doente. Contrate apenas os artistas pontuais. Verifique os itens necessários para a apresentação, pois equipamentos de som, iluminação, microfones etc. fazem a diferença na apresentação do artista.

Empresas que se utilizam de políticas culturais como estratégia para alcançar suas finalidades e, então, trazem soluções novas ou restrições impostas pelos artistas, como concordar com a liberdade de criação dos artistas, reforçam a imagem da organização.

Machado Neto (2006) entende que a produção cultural é uma atividade desenvolvida no interior do artista para atender a um desejo somente seu, ao contrário do marketing, cuja criação está baseada nos desejos e nas necessidades das pessoas.

Há uma visão parcial com relação ao marketing cultural, pois, em vez de a empresa estar interessada em prestigiar o artista ou evento específico, beneficiando-o com o patrocínio, enfoca a promoção institucional.

Estudo de caso

Texto introdutório

O estudo de caso em questão apresenta uma pessoa que, ao levar o filho ao cinema, passou por diversos lugares e, em alguns casos, a criança pediu que lhe comprasse alguns produtos. O desafio aqui é identificar quais elementos funcionam como estratégia de marketing nessa vivência.

Texto do caso

Pedro tem 36 anos, é divorciado e tem um filho de 9 anos, João, que adora brincar, ler e, principalmente, ir ao cinema com o pai. Em um domingo, Pedro levou João para assistir a um filme da Disney (*Mulan*) no cinema próximo à casa em que a criança reside com a mãe.

Pedro chegou à casa do filho com seu carro HB20, da Hyundai, deu um abraço nele e os dois entraram no veículo. Já perto do cinema, João viu um *outdoor* enorme divulgando um novo parque de diversões inaugurado no *shopping*. Ele mostrou a propaganda para o pai e pediu que eles passassem por lá antes de o filme começar. Pedro aceitou com a condição de o filho ir somente a um brinquedo.

Ao entrarem no *shopping*, Pedro identificou uma cafeteria Starbucks e convidou João para tomar um café. Os dois se sentaram e Pedro pegou seu IPhone 11, conectou o *wi-fi* e pesquisou os horários do filme no *site* da Cinemark. A próxima sessão teria início às 16 horas e, conforme marcava seu Apple Watch, ainda eram 14 horas. De imediato, ele comprou pela internet dois ingressos para o cinema.

Pedro efetuou o pagamento do café com seu cartão de crédito Visa, e ambos foram em direção ao parque. Chegando lá, João olhou para todas as atrações e decidiu ir a um brinquedo do personagem do filme *Carros*, da Disney. Trata-se de uma corrida de carros de brinquedo que permite crianças com até 10 anos. É uma pista que possibilita sentir a emoção de dirigir um dos veículos/personagens da animação.

Depois de saírem do espaço, João viu uma loja de brinquedos com vários carrinhos Hot Wheels e pediu a seu pai um de presente. Pedro verificou o preço na vitrine e aceitou comprar. Em seguida, ambos caminharam em direção ao cinema. Lá ficaram na fila para comprar pipoca. João encontrou um cartaz informando que, na compra do combo de pipoca + Coca-Cola, ganhava-se um copo personalizado do filme *Mulan* – uma parceria entre Disney, Coca-Cola e Cinemark. Porém, esse combo era R$ 10,00 mais caro que o normal. Apesar disso, Pedro decidiu adquiri-lo para o filho.

Os dois entraram na sala de cinema e, antes de o filme começar, foi projetado o comercial de um novo modelo de SmartTV 4K da Samsung. Pedro ficou muito interessado, já que sua televisão era de um modelo desatualizado.

Pai e filho gostaram muito do filme, que teve muitas cenas de ação e aventura. O dia terminou com Pedro deixando João em casa e combinando de se encontrarem no próximo final de semana para mais uma sessão de cinema.

Resolução

É possível identificar diversas estratégias de marketing em uma ida ao cinema. A primeira questão a ser apontada é o fato de que, por vezes, o próprio cliente é quem faz a propaganda do produto. Em diversos casos, uma pessoa nota que o amigo usa determinada marca, e ele a recomenda como fabricante de bons itens. Trata-se da chamada *divulgação boca a boca*. No caso em questão, isso se aplicaria ao carro, ao celular, ao relógio, ao cartão de crédito/débito, à cafeteria e aos produtos desejados pelo filho, principalmente pelo nome que a Disney tem no mercado.

Com relação às estratégias específicas para empresas, podemos citar o peso que a marca Starbucks tem no mercado. Sem necessidade de divulgação, automaticamente as pessoas associam seu nome com café. Além disso, o fato de oferecer *wi-fi* constitui um diferencial, que, no mundo atual e constantemente conectado, é algo básico.

Outra estratégia é a facilidade de acesso aos produtos, sobretudo pela internet. É o caso da compra dos ingressos do cinema. Por sua vez, o fato de a loja de brinquedos estar próxima ao parque de diversões é uma estratégia, já que sempre haverá crianças circulando e se encantando com a vitrine desse comércio. Quanto ao combo no cinema, o produto serve de divulgação para todos os envolvidos – Disney, Coca-Cola e Cinemark (filme, refrigerante e cinema). Por fim, o comercial no início do filme é um exemplo de marketing cultural, visto que divulga um produto em associação com um evento cultural.

Dicas

As estratégias de marketing possibilitam aproximar-se dos clientes. Algumas delas até mesmo transformam simples detalhes em diferenciais na escolha de um produto. Saiba mais sobre as práticas de marketing de grandes corporações em:

CORTELETTI, A. **Grandes empresas e suas estratégias de marketing**. 22 abr. 2016. Disponível em: <https://ncdfaesa.wordpress.com/2016/04/26/grandes-empresas-e-suas-estrategias-de-marketing/>. Acesso em: 23 ago. 2021.

O neuromarketing é essencial para o entendimento do interesse do consumidor por determinado produto. Para saber mais sobre a área, assista ao vídeo indicado.

NEUROMARKETING: a ciência do marketing na prática. **Viver de Blog**, 22 jan. 2018. 10 min. Disponível em: <https://www.youtube.com/watch?v=SIQT8dYZ7cA>. Acesso em: 23 ago. 2021.

O marketing confere às empresas o diferencial que os clientes esperam. O vídeo em questão analisa o caso da Starbucks, citada em nosso estudo.

ROCKENBACH, V. **Como a gestão e o marketing transformaram a Starbucks em uma potência mundial?** 14 nov. 2017. 10 min. Disponível em: <https://www.youtube.com/watch?v=0cYL8FBXq50>. Acesso em: 23 ago. 2021.

Síntese

- Em um mercado bastante competitivo, o surgimento do marketing foi motivado pela necessidade de as empresas se comunicarem com seus clientes e apresentarem a eles seus produtos.
- O marketing é conceituado de diversas maneiras. Em resumo, é um estudo do perfil do consumidor para identificar seus desejos e suas necessidades.
- O correto planejamento evidencia estratégias positivas para o marketing do produto ou serviço, assim como aponta diversos meios de divulgação da marca.

- O marketing cultural transforma as empresas em patrocinadoras de eventos culturais, possibilitando-lhes a comunicação com a comunidade em geral e abrindo esse espaço para a divulgação da marca.
- Há diversos espaços culturais para que a empresa possa participar como patrocinadora. Contudo, não basta que ela vise à divulgação da marca. É preciso reconhecer a importância do evento de que está participando como promoção da cultura para a sociedade.
- No marketing cultural, as empresas buscam uma oportunidade para o artista obter o patrocínio de sua apresentação, uma etapa que não é fácil para quem está iniciando no meio artístico.
- O artista se desenvolve por meio de seu produto, e sua criação lhe fornece conhecimento, experiência e estrutura para o desenvolvimento profissional e a aproximação com o consumidor.
- O artista cria a obra de arte com base em seus sentimentos, que são expressos por meio de cores, texturas etc. Sua imagem possibilita que a obra seja reconhecida nacional e internacionalmente.
- O marketing pessoal auxilia profissionais que buscam sucesso no mercado competitivo, ressaltando suas competências e habilidades e promovendo sua imagem para o alcance de determinado objetivo.
- Há diversas técnicas de marketing pessoal para artistas. Em qualquer caso, é preciso manter-se atualizado e ao alcance de todos, especialmente por meio de tecnologias de comunicação e divulgação.

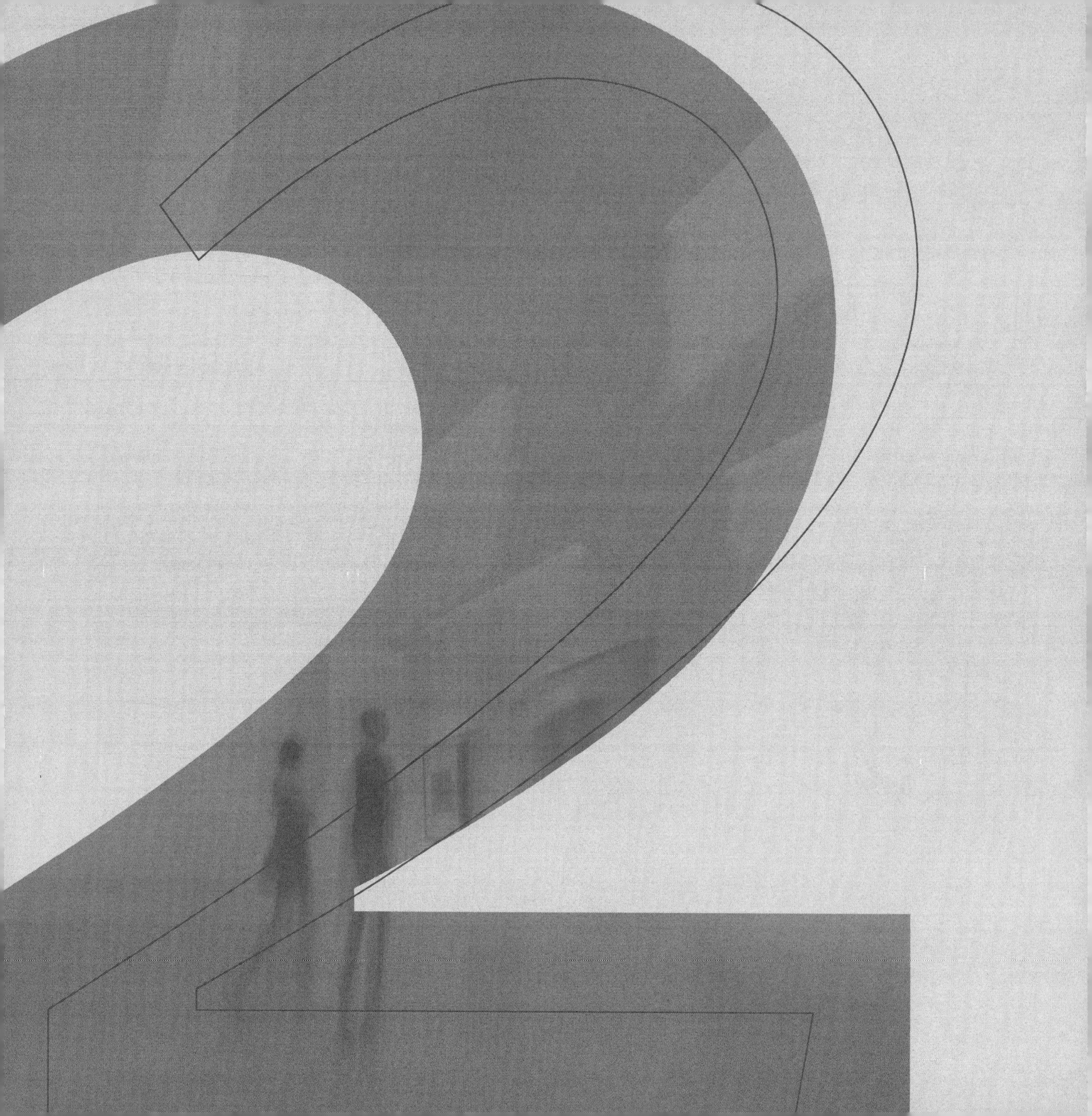

Contextualização dos mercados

Conteúdos do capítulo:

- Conceitos econômicos (elasticidades, mercado, macroeconomia etc.).
- Mercado cultural e seus desafios.
- Economia da cultura e seu desenvolvimento no Brasil.
- Técnicas de análise do comportamento do consumidor.

Após o estudo deste capítulo, você será capaz de:

1. conceituar *mercado* e *mercado cultural*;
2. descrever o desenvolvimento desses mercados no contexto brasileiro;
3. definir *economia da cultura* e apontar sua relevância para os países;
4. analisar e compreender o comportamento do consumidor.

Você sabe o que é mercado? Percebe a importância e o impacto dele em diversos âmbitos da vida humana? Neste capítulo, apresentaremos, breve e didaticamente, alguns conceitos relacionados e descreveremos seu surgimento e sua evolução, diante de uma economia competitiva entre empresas.

Entende-se por *mercado* um espaço de negociação de vendas de produtos ou serviços em diversas áreas. Em razão da enorme variedade desses itens, há vários tipos de mercado. Aqui enfocaremos o mercado cultural e analisaremos o comportamento dos consumidores nele envolvidos.

O mercado cultural tem sido concebido como uma abertura/oportunidade ao desenvolvimento social dos países. Nesse contexto, ele atraiu a atenção e gerou concorrência entre grandes empresas, motivo pelo qual é pertinente entender a estrutura e o funcionamento desse mercado.

A chamada *economia da cultura* compreende a dimensão econômica em correlação com os bens e os serviços gerados por setores culturais como contribuintes para o progresso econômico de nações. Neste capítulo, detalharemos as etapas de projetos de desenvolvimento cultural e os benefícios que propiciam às sociedades.

2.1 Panorama do mercado: conceitos e funcionamento

Como destaca Reis (2003, p. 31), "com o fim da Segunda Guerra Mundial, a sociedade se reorganizou e o mundo dos negócios viu a consolidação de um mercado comprador forte e o acirramento da concorrência entre um grande número de empresas", envolvidas em uma disputa para conquistar clientes e totalmente orientadas para suprir as demandas e os interesses deles. Nessa direção, o mercado engloba um campo de decisões dos compradores, o que, por sua vez, pode afetar as decisões dos vendedores.

Para Izidoro (2015), há dois tipos de mercado: o **mercado de produto** (automóveis, roupas etc.) e o **mercado temporal** (soja, itens de Páscoa etc. – cuja comercialização se concentra em determinado período do ano).

Falar de mercado implica, ainda, entender a relação entre oferta e demanda. A **oferta** refere-se ao fato de que, quanto mais altos são os preços dos bens ou serviços, maiores são a capacidade e a disposição das empresas em produzir e vender. Nesse cenário, se o custo de produção sofre uma queda, as empresas podem manter ou reduzir o preço para o consumidor.

Por sua vez, a **demanda** concerne à quantidade de produtos que os consumidores estão dispostos a comprar à medida que o valor unitário deles se altera. A quantidade de demanda depende do preço do item, ou seja, se determinado produto tem queda de valor, a demanda aumenta.

> Nossos padrões de consumo se alteram ao longo do tempo, em função da variação dos preços relativos dos (novos) bens e serviços, da variação do nível de renda dos consumidores e do grau de utilidade (necessidade) dos novos bens e serviços. Nos países ricos (cujo nível de renda é elevado), os consumidores gastam hoje um percentual menor com alimentos e roupas do que na década de 1950. Por outro lado, tem aumentado bastante o percentual de renda empregado em turismo e cuidados com a saúde. (Izidoro, 2015, p. 49)

Como já explicamos, cada consumidor tem necessidades e desejos específicos e, com base nisso e na interação oferta-demanda, podemos realizar as seguintes **previsões**:

- Quanto maior o preço de um bem, menor a quantidade de demanda.
- Quanto maior o preço de um bem, maior a demanda por bens substitutos.
- Quanto maior a renda do consumidor, maior a demanda por bens relacionados a esse aumento nos ganhos dele.

Para Izidoro (2015), a oferta e a demanda são interdependentes e apoiam-se em três fundamentos:

1. **Livre mercado**: mercado que opera livremente, com forças externas que influenciam o estabelecimento de condições.
2. **Maximização do lucro dos empresários**: retorno que as empresas obtêm com as vendas.
3. **Maximização da satisfação dos consumidores**: compra de produtos a preços diversificados por meio da análise destes e da busca por qualidade.

Alguns elementos da estrutura mercadológica determinam a concorrência e a formação de preço, como o grau de concentração de vendedores e compradores, o de diferenciação do produto e o de dificuldade para a entrada de novas empresas no mercado.

Uma empresa iniciante, ao adentrar o mercado, encontra alguns obstáculos no caminho, como a economia de escala, em que os custos médios decrescem à medida que aumentam o nível de produção e o tamanho da organização. Outra desvantagem são os gastos devidos à pouca experiência, como os investimentos elevados em propaganda. Somam-se a isso os custos com patentes de invenções, um processo complexo e de regulamentação demorada e burocrática.

Em termos de concorrência, Izidoro (2015) amplia a classificação dos mercados ao considerá-los:

- **Competitivos**: concorrência pura, monopolística e monopsônica.
- **Pouco competitivos**: oligopólios e oligopsônios.
- **Sem competição**: monopólios e monopsônios.

> O que é
>
> A expressão **concorrência pura** descreve mercados constituídos por grande quantidade de empresas, e nenhuma delas é capaz de influenciar o equilíbrio desses espaços. O termo **monopolístico** refere-se à estrutura de empresas cujos produtos são similares. Por sua vez, a denominação **oligopólio** caracteriza a situação em que há poucas empresas em um mercado, ao passo que **oligopsônio** diz respeito ao mercado em que, ao contrário, há poucos compradores. Por fim, o termo **monopólio** designa uma única empresa que tem controle sobre as vendas de um mercado, enquanto **monopsônio** concerne ao cenário em que há muitos vendedores e somente um comprador.

Para Kerr (2011, p. 3), "não há mais necessidade de existir um local para que haja um mercado, pois ele pode ser virtual, como os diversos sites de compra e venda existentes na Internet". Logo, independentemente da natureza de seu espaço (físico ou digital), o mercado representa um contexto em que há pessoas interessadas em vender algum produto ou serviço e outras interessadas no que é oferecido.

Os mercados globais levam empresas a ambientes culturais diferentes, conduzindo-as à adoção de novas estratégias e à adaptação de seus produtos, sempre considerando a comunicação com o cliente. Além disso, os princípios e as práticas da cidadania corporativa devem se globalizar e se integrar. Nessa perspectiva, é salutar que as empresas internalizem esses princípios como elementos norteadores de suas estratégias e condutas.

No Brasil, conforme Martins (2011), existem diversas empresas consideradas "motores" da economia nacional e desafiantes do mercado internacional, como a Petrobras, sobretudo com sua expansão para inúmeras regiões do globo e a descoberta do pré-sal, e a Embraer, que atua no mercado de jatos, conciliando alta tecnologia e preços baixos. Podemos, também, citar o grupo Votorantim, cujos setores são diversificados na busca por negócios em todos os nichos relevantes.

Com a abertura dos principais mercados, bem como as fusões e as aquisições de empresas, estas têm buscado atender a demandas estratégicas, principalmente por meio da comunicação mercadológica transcultural, que serve como mecanismo difusor de valores e cultura organizacionais.

2.2 Mercado cultural: desenvolvimento e desafios

Os seres humanos são culturais por natureza. Eles sentem e agem de acordo com a cultura em que estão imersos (Martins, 2011), que é entendida, como já esclarecemos, como os valores de um grupo, o que inclui suas manifestações artísticas e técnicas.

Diante da dificuldade de compreender e analisar as relações entre essas atividades artístico-culturais e os interesses comerciais, foi proposto o conceito de **indústria cultural** nos anos 1940. Assim, na década seguinte, indústria e cultura converteram-se em um conjunto de categorias analíticas (Alves, 2012).

Fundamentados nesse conceito, podemos verificar, por exemplo, que as produções lançadas durante o regime militar no Brasil (como discos, livros e revistas) contribuíram para o capitalismo cultural nacional por meio de um mercado cultural permeado por críticas, protestos e luta política. Ademais, as novelas e os telejornais acabaram se tornando suporte de uma identidade compartilhada, correspondente às "identidades nacionais". Para Leite (2007), após a consolidação da indústria cultural, diversas identidades foram construídas nos meios de comunicação com base em um referencial hegemônico.

Emergência da cultura de massa

As técnicas modernas empregadas na produção de obras artísticas, pelo fato de permitirem que sejam reproduzidas incontáveis vezes, transformaram a natureza da arte. Para Gruner (2019), essa mudança se deve à inserção dela no circuito de massa, a chamada **cultura de massa**. Tal reprodução técnica diminui a distância entre os artistas e o público, com a criação de novos espaços de circulação, ocupação, exibição e consumo da obra de arte.

Na Europa, por volta do século XVIII, registrou-se o crescimento do quantitativo de livros impressos em diversos países, principalmente dos grandes romances da época. Na França, por exemplo, entre 1701 e 1770, houve um salto de 8 publicações por ano para 112. Na mesma proporção, o percentual de leitores aumentou e, por conseguinte, houve maior procura desses materiais e a diversificação de seus gêneros. Com isso, novas ideias passaram a circular, até mesmo em jornais e revistas, e foram fundados espaços para consumo de produtos literários e instituições relacionadas, como editoras, livrarias, bibliotecas, museus e ambientes específicos em universidades, saraus, teatros e cafés.

Conforme Gruner (2019, p. 189), "o mercado editorial estava suficientemente sólido para que possamos falar dele como parte fundamental de uma crescente e significativa cultura de massa". Em virtude de alguns fatores históricos e políticos, mais campos editoriais foram abertos, inclusive o educacional, que suscitou a publicação de manuais e livros didáticos e paulatinamente se expandiu para diversos países.

Por sua vez, o cinema surgiu na Europa como processo de constituição de uma cultura visual. Suas primeiras exibições foram realizadas por meio de cinematógrafos em cafés e feiras. No século XX, as salas de cinema chegaram a lotar com milhares de espectadores. Por isso, ele é considerado uma diversão lucrativa para um público de massa. Além disso, segundo Gruner (2019), apresenta aptidão industrial e de mercado.

O mercado cultural insere-se entre o erudito (uma cultura feita por e para poucos) e o "grande público" (uma atuação alicerçada na lógica da concorrência) – ambos campos absorvidos pela indústria cultural. Além disso, ele é construído e visto como uma instituição social e culturalmente enraizada.

De acordo com Leite (2007), o desenvolvimento do mercado cultural norteou-se pelo desejo de estabelecer um novo parâmetro nas relações entre arte e oportunidade de negócios na cultura, com o intuito de fundar um mercado para produções independentes e propor uma nova moeda de troca para a arte contemporânea e o pensar cultural.

Quanto aos integrantes desse mercado,

> além do artista e do consumidor, [...] pode existir a figura do patrocinador, denominado incentivador cultural. Este apoia o artista possivelmente para tentar obter um bem simbólico, uma imagem favorável, por exemplo. A busca por uma posição favorável na mente de seus clientes faz com que as empresas utilizem cada vez mais estratégias de marketing no campo da cultura. Outro ator desse esquema é o Estado, com as políticas culturais, leis de incentivo à cultura, entre outros, que ditam as normas que os "agentes da cultura" devem seguir. (Lisboa Filho; Corrêa; Vieira, 2015, p. 7)

Os agentes culturais fazem a mediação entre patrocinadores, artistas, Estado, público e mídia. Como é possível notar, esses sujeitos/instituições estão envolvidos no processo de **gestão cultural**, que, para Lisboa Filho, Corrêa e Vieira (2015), significa gerenciar serviços e processos que ganham forma por intermédio da cultura, demandam planejamento, são regulamentados pelo Estado e sofrem, também, interferências do mercado.

O gerenciamento da cultura é definido por um grupo de compradores reais, que têm necessidades ou desejos específicos satisfeitos por meio de uma troca, do processo de compra e venda. Por exemplo, um indivíduo necessita comprar um livro sobre política, ao passo que um escritor da área pode produzi-lo e publicá-lo, o que estabelece um mercado de troca.

2.2.1 Marketing ante a diversidade cultural

Nesse contexto, os profissionais de marketing têm aderido ao uso de promoções culturais como canal de comunicação e relacionamento com a marca, gerando mídia espontânea para as empresas e seus produtos, por meio de *shows* artísticos, peças teatrais, exposições e outras manifestações que demonstrem a preocupação da empresa com a sociedade. Porém, os valores culturais ficam em segundo plano para tais organizações, pois o que lhes dá proeminência e valor no mercado competitivo é somente a resposta midiática e comercial.

Alves (2012, p. 31) exemplifica esse marketing no cenário televisivo:

> Entre 1965 e 1968, a expansão média na venda de aparelhos de televisão foi de 15%, sendo que, entre 1967 e 1968, o crescimento foi de cerca de 45%. Em 1965, havia cerca de 2,2 milhões de aparelhos de TV; em 1970 eram cerca de 5 milhões; e, em 1975, 10 milhões e cem mil aparelhos, um crescimento, portanto, da ordem de 400%, em 10 anos. Esse crescimento se fez acompanhar do aumento dos recursos publicitários destinados à televisão, que, por sua vez, contribuíram para o crescimento comercial dos seus programas, notadamente os musicais e as telenovelas. Em 1962, 24,7% das receitas publicitárias eram dirigidas à televisão, ao passo que, em 1972, eram 46,1%.

Assim, o mercado cultural surge alavancando vendas, sejam as de aparelhos de televisão, sejam as de campanhas publicitárias entre os programas culturais.

O marketing deve falar a mesma língua dos consumidores. Um exemplo contrário a isso, conforme Martins (2011), é o de uma multinacional brasileira que distribuiu como brinde agendas para clientes internacionais. Nesse produto, o primeiro dia da semana era a segunda-feira, porém, para a cultura libanesa, o primeiro dia para atividades comerciais é, na verdade, o sábado. Erros assim ocorrem pelo fato de pouca ou nenhuma atenção ser dada às especificidades de cada cultura.

> **Exemplo prático**
> Outro equívoco nesse sentido foi cometido pela Disney, que instalou uma filial em Paris por volta de 1992. Ela acumulou, a princípio, imensos prejuízos em razão de erros estratégicos decorrentes da não consideração dos valores dos europeus, para quem os personagens da empresa serviam apenas para entreter, e não para incutir princípios nas crianças europeias.

Desse modo, as diferenças culturais impactam fortemente os relacionamentos de negócios. Com inovação e conhecimento, no entanto, é possível lidar com elas, adotando-se novas formas de pensar, agir, ver e trabalhar tais divergências. Nesse sentido,

> as empresas desenvolvem suas pesquisas com o intuito de saber a respeito daquilo que é culturalmente aceitável, mas ao mesmo tempo estimulante e relevante aos povos ou a [...] determinado mercado. Assim, as organizações investem na promoção da cultura, pois entendem que tal ação de comunicação promocional é dirigida aos públicos de interesse, aproximando-os de uma marca ou de uma empresa. (Martins, 2011, p. 40)

> **Cultura corporativa**
> A Europa e os países em desenvolvimento, como o Brasil, que visava ingressar no mercado econômico-industrial internacional, construíram a base para inúmeras empresas multinacionais, as quais, além do peso comercial, traziam sua cultura corporativa e a cultura de seu país.
> A sociedade alemã, por exemplo, sempre buscou delinear suas fronteiras, dando relevância às suas particularidades culturais e identidades. Na produção artística, sua cultura e sua língua serviram de fundamento para uma literatura expressiva das angústias do mundo moderno. Ademais, algumas de suas cidades foram mais receptivas a obras e artistas modernos.

2.2.2 Fomento e desigualdade de acesso à cultura

A indústria cultural, com jornalistas e mídias propagando matérias e comentários sobre questões relacionadas, foi considerada o lócus mais importante de discussão das políticas públicas e privadas na área da cultura, as quais funcionam como principais agentes fomentadores desta no Brasil e viabilizam saltos fundamentais para o mercado cultural.

De acordo com Reis (2003), o financiamento público (responsabilidade principalmente municipal) das artes nasceu e cresceu de maneira descentralizada. No Brasil, em 1997, o mercado cultural movimentou aproximadamente R$ 6,5 bilhões, cerca de 0,8% do Produto Interno Bruto (PIB); em período anterior, o país injetou cerca de R$ 5,00 *per capita* em cultura.

> Em 1994 havia 510 mil pessoas empregadas na produção cultural brasileira, sendo 76,7% no setor privado do mercado cultural, 13,6% como trabalhadores autônomos e 9,7% na administração pública. Comparando-se a capacidade de geração de empregos do setor cultural com a de outros setores relevantes da economia do país, o número de brasileiros envolvidos com o setor cultural é significativamente inferior ao dos empregados no setor agropecuário, administração pública, construção ou instituições financeiras, representando entretanto 90% a mais do que o empregado nas atividades de fabricação de equipamentos e material elétrico e eletrônico, é 53% superior ao da indústria automobilística, de autopeças e de fabricação de outros veículos e 78% ao dos serviços industriais de utilidade pública (energia, água e esgoto). (Reis, 2003, p. 77)

Sabe-se que a sociedade é desigual, com uma distribuição de recursos desproporcional, sendo constituída por sujeitos que detêm recursos econômicos, materiais, simbólicos e informações em diferentes níveis e que executam trocas de bens intangíveis, ideias, desejos e costumes, ou seja, aspectos que caracterizam um modo de vida, a cultura em si.

Portanto, a indústria cultural também não atua de maneira igualitária em todos os locais, e os desequilíbrios gerados não são somente econômicos, mas também sociais. Por isso, "precisamos de investimentos na cultura, que propiciem o seu desenvolvimento, ao mesmo tempo em que é necessária a manutenção e a preservação dos equipamentos e produtos culturais de uma sociedade" (Lisboa Filho; Corrêa; Vieira, 2015, p. 8), que visam à democratização do acesso aos bens culturais.

Mantecón (2017) aponta que inúmeros aspectos interferem positiva ou negativamente na vida cultural. Quando a aprendizagem de valores, condutas, práticas culturais etc. acontece no seio familiar e é aperfeiçoada na escola, a inclusão social efetiva-se de maneira ampla e natural. Em contrapartida, quando há qualquer descuido em relação às atividades culturais (por exemplo, educação artística ou acesso à tecnologia), há consequentemente um aumento da desigualdade social.

Quando essa desigualdade é analisada pela perspectiva econômica, percebe-se que afeta vários países e regiões. Nota-se que a produção cultural da maioria das nações dificilmente chega às rádios, às vitrines ou às telas locais, regionais e globais. Acerca dessa questão, Mantecón (2017) reforça que, sem apoio público, é quase impossível a oferta de bens e serviços culturais para a sociedade.

A reunião de manifestações culturais em um projeto surge, dessa forma, como modo de divulgação e promoção de diversas possibilidades de projeção de produções artísticas no mercado. Assim, pouco a pouco o mercado cultural vem fabricando sua identidade

> enquanto um evento que conseguiu convocar [a todos], chamando a atenção para um tipo de "fazer cultural" que podia existir dialogando com as diferenças culturais e propondo alternativas fora do circuito da grande mídia. Nesse sentido, a identidade do Mercado, os elementos que construíram essa "cultura do Mercado" foram alinhavados para compô-lo como um evento de diferenciais. (Leite, 2007, p. 71)

Esses diferenciais decorrem de uma visão ampla de cultura, com espaços distintos no sistema cultural (como os de promoção, reflexão e circulação) e que visam à diversidade. Logo, são oferecidas oportunidades a um tipo de criação cultural (inovadora e independente) que, em geral, tem pouco espaço nas indústrias culturais.

A valorização das músicas, do cotidiano e de outras expressões culturais da comunidade nesse mercado cultural acaba por construir e consolidar um espaço de sentidos que contempla a diversidade cultural e possibilita novas oportunidades de negócio, de modo que este e a própria comunidade em questão sejam reconhecidos um pelo outro, e não apenas representados em distintas produções.

Com o advento de novas tecnologias, o mercado cultural vem sendo reformulado, projetando eventos por intermédio da internet como ferramenta de comunicação. Esse mercado segue crescendo em razão de sua posição convocadora e integradora, que propõe a reflexão sobre a diversidade, coloca a dimensão cultural no centro das iniciativas e dá voz a grupos distintos. Por isso, por orientar-se pelos valores de cada local e proporcionar um misto de cultura, entretenimento e mercado, esse mercado ocupa um espaço vazio deixado pela falta de algumas políticas públicas culturais do Estado (Greffe, 2013). Para Leite (2007), trata-se de um mercado que constrói pontes interculturais em busca de respeito e cooperação internacional.

Exercício resolvido

O mercado cultural resulta da seguinte dinâmica: um artista precisa de recursos para a apresentação de seu trabalho, e determinada empresa necessita divulgar sua marca e/ou produto e, por isso, patrocina o evento ou a exibição cultural desse profissional.

Acerca desse cenário, qual das alternativas a seguir indica os benefícios de uma empresa investir no mercado cultural?

a) Oportunidade de fazer publicidade sem precisar contribuir para o projeto.
b) Investimento em cultura com caráter de caridade.
c) Transmissão de credibilidade para os clientes, solidificando-se uma identidade positiva pela participação da empresa no mercado cultural e pela demonstração de crença nos artistas de sua localidade.
d) Risco de não obter retorno com a divulgação da marca em eventos, oportunidade esta que é bastante escassa.

Gabarito: c

> **Feedback do exercício**: o mercado cultural confere às empresas a imagem de que oferecem não só produtos mas também cultura à sociedade. Por isso, a alternativa "c" está correta. As demais alternativas estão incorretas: a "a" porque realizar uma publicidade sem fundamento na cultura não é uma modalidade de investimento em cultura; a "b" porque se deve enxergar tal projeto como um investimento na sociedade; e a "d" porque há diversas oportunidades de patrocínio; logo, cabe à empresa identificar o evento que condiz com seus objetivos.

2.3 Economia: histórico brasileiro e fundamentos

Nas décadas de 1960 e 1970, conforme Izidoro (2015), o Brasil teve um crescimento econômico acelerado. Apesar da inflação alta (aproximadamente 37%), o PIB cresceu 11% ao ano. O país progredia sem se endividar, em grande parte, por causa das exportações. Posteriormente, esse processo foi revertido em virtude da alta do preço do petróleo, e a dívida externa brasileira chegou aos 50 bilhões de dólares.

De 1980 a 2009, os avanços da economia nacional diminuíram em razão do aumento gradual dos impostos, dos juros altos e da infraestrutura cara e ineficiente. Somam-se a isso condutas burocráticas que faziam com que empresas perdessem tempo e colecionassem custos dispensáveis. Outrossim, nessa conjuntura, houve um segundo choque com o aumento do preço do petróleo e a elevação das taxas de juros no mercado internacional, tendo como consequências para o Brasil o desemprego, o aumento da dívida externa, a alta inflacionária e a queda da renda da população.

Nos anos 1990, a abertura da economia brasileira mudou o cenário nacional e, segundo Izidoro (2015, p.137), foi "condição básica para a estabilidade dos preços, pois forçou a indústria nacional a aumentar a competitividade por meio da introdução de novas tecnologias".

Antes disso, a economia era muito fechada, e a inflação destruía o país: de manhã, um produto tinha um preço; à tarde, custava o dobro ou mais. Para eliminar ou diminuir a inflação, foram implementados planos como o Cruzado, o Cruzado II, o Bresser, o Verão, o Collor e o Collor II. Contudo, apenas o Plano Real, proposto em 1993, teve sucesso na estabilização econômica e na contenção da inflação.

Com base no exposto, constatamos que o Brasil já passou por diversas crises financeiras. Para Linder (2020), em razão da instabilidade política e da pandemia de covid-19, o país está enfrentando a pior delas, justamente quando lutava para retomar seu crescimento.

2.3.1 Conceito de elasticidade

Na condição de ciência, a economia se subdivide em **microeconomia** e **macroeconomia**. A primeira trata do comportamento das unidades econômicas (consumidores, trabalhadores etc.), ao passo que a segunda enfoca as quantidades econômicas agregadas (taxa de juros, inflação etc.).

No âmbito da microeconomia, muito se fala em **elasticidade**, uma medida que compara a mudança percentual de uma variável em virtude da alteração de outra variável, que pode ser o preço do produto, os valores dos produtos substitutos ou complementares, a renda, o número, os gostos e as preferências de consumidores, bem como a propaganda.

Existem três tipos de elasticidade, conforme Izidoro (2015):

- **Elasticidade-preço da demanda**: medida da reação das pessoas à mudança de preço dos produtos que elas costumam adquirir com frequência. Por exemplo, é possível verificar se, havendo diminuição no valor, as compras aumentam ou não.
- **Elasticidade-preço da oferta**: medida do quanto aumentam (se muito ou pouco) o preço e a quantidade de produtos quando a demanda por eles é alta.
- **Elasticidade cruzada da demanda**: medida da sensibilidade de resposta na demanda por um produto em comparação com outro item que sofreu uma mudança de preço. Isso evidencia o impacto causado pela variação de preço dos produtos concorrentes com relação à sua curva de demanda.

Essas elasticidades permitem analisar o comportamento do produto diante de alterações quantitativas ou de valor e, com isso, tomar melhores decisões estratégicas no mercado.

2.3.2 Economia da cultura no Brasil

O processo de integração entre economia e cultura é algo complexo e envolve diversas discussões, favoráveis ou não a essa aproximação. Conforme Martins (2011, p. 32), "a conjuntura econômica mundial dita novos hábitos e relações de consumo, com a forte influência cultural nas estratégias de marketing. Estas, por sua vez, determinam diferentes formas de comunicação em outros ambientes".

As mudanças econômicas redesenharam o cenário da globalização com a diminuição da adesão ao comunismo, o fortalecimento do modelo capitalista, o advento da era tecnológica e as novas maneiras de encarar os programas sociais. Martins (2011) explica que, em razão dessas transformações, a economia está cada vez mais globalizada e marcada pela acirrada disputa entre empresas. Essa globalização, entretanto, deve ser examinada não só sob a ótica econômica, mas também sob as óticas social, cultural, político e geográfica.

No que concerne à cultura, ela é, como mencionamos, o mais importante aspecto da sociedade. Isso porque, ainda segundo o autor citado, é por meio dela que as pessoas se posicionam socialmente. Portanto, as formas de agir e sentir do ser humano, que é cultural por natureza, são sempre orientadas pela cultura. Como linguagem simbólica e manifestação artística ou técnica de determinado povo, ela significa "cultivar" e pode assumir diferentes sentidos.

Lisboa Filho, Corrêa e Vieira (2015) argumentam que a cultura tem seu espaço na economia como estratégia, sendo capaz de impulsionar os mercados de determinada localidade ou sociedade. Apesar disso, essa questão só começou a ser abordada em meados do século XX, sendo explorada por estudos e pesquisas que justificaram a manutenção dos recursos destinados à cultura e identificaram o capital repassado a esse setor como *investimento*.

Essas investigações preliminares analisaram o impacto das artes e das instituições culturais nos Estados Unidos. Já no Brasil, o primeiro estudo dessa natureza foi apresentado em 1998. Trata-se do *Diagnóstico dos investimentos na cultura no Brasil*, realizado pela Fundação João Pinheiro a pedido do Ministério da Cultura (Diagnóstico..., 1998). Esse material trouxe ao conhecimento da população o valor da produção cultural na economia brasileira, com dados sobre os gastos públicos com cultura, geração de emprego e salários pagos na área.

Sobre esse último tópico, Greffe (2013) afirma que os artistas recebem mais ou menos o que ganhariam se tivessem escolhido uma carreira não artística. Também aponta que, quando eles não obtêm remuneração suficiente, buscam complementá-la com outras atividades. Via de regra, quanto mais tempo artistas dedicam à carreira, mais sua renda aumenta.

> **Preste atenção!**
> O mercado da arte emergiu no contexto romano, com obras sendo comercializadas em leilões. Nessa conjuntura cultural e econômica, os artistas alcançaram condições de vida satisfatórias, e suas atividades atendiam às necessidades manifestadas pelos compradores de suas obras.

Para esses profissionais, os elementos configuradores das principais dificuldades que encontram no mercado econômico são (Greffe, 2013):

- **Origem social**: em tempos antigos, poucos artistas provinham do meio rural. Alguns eram filhos de artesãos, de donos de lojas ou de profissionais de classes liberais.
- **Sexo e gênero**: há discriminação entre os sexos quanto à remuneração e à contratação de artistas.
- **Nível de qualificação**: quanto mais baixa for a qualificação inicial dos artistas, menor será esse desequilíbrio, e vice-versa, como no caso dos dançarinos contemporâneos em comparação com os segmentos da população de níveis mais elevados.
- **Ambiente de trabalho**: é possível ter condições melhores quando se está inserido em redes sólidas de trabalho e solidariedade.
- **Estratégia artística**: a escolha de um gênero pelo artista é motivada pela renda desejada e pelas oportunidades (empregatícias ou não) identificadas no mercado.

- **Atitude ante a inovação artística**: a distribuição de renda varia em função do valor das obras dos artistas. Para entender isso, basta comparar o artista que inova de maneira conceitual (transmite mensagens que propiciam a melhoria visual de outras obras) com o que inova de maneira experimental (parte da observação de seus trabalhos anteriores).
- **Criatividade**: com o surgimento da arte moderna, a criatividade, antes esquecida, ganhou importância e também se tornou fator distintivo de renda dos artistas. Cabe destacar que essa noção muda de acordo com a época examinada, com o modo como a sociedade reage às produções lançadas.
- **Condições macroeconômicas**: dizem respeito às situações em que as compras de obras de arte, na qualidade de produtos culturais, podem ser efetuadas. Tais produções são adquiridas apenas com o aumento de renda dos consumidores e a satisfação de suas necessidades fundamentais. Trata-se, por isso, de um setor sensível às flutuações para baixo e para cima da atividade econômica. Essas mudanças afetam os artistas no que concerne a fatores como tempo e estabilidade na atividade, montante de rendimento e probabilidade de admissão.

A referida pesquisa indicou ainda que 1% do PIB nacional corresponde ao mercado cultural. Quanto à criação de empregos na área, verificou-se que, "para cada R$ 1 milhão investido [...], o país gerava 160 novos postos de trabalho diretos e indiretos, sendo o salário médio pago [...] quase o dobro da média do valor oferecido em outros setores da economia" (Lisboa Filho; Corrêa; Vieira, 2015, p. 5).

Além disso, constatou-se que os eventos culturais aquecem hotéis, restaurantes e o comércio local com turistas, proporcionando, ainda, benefícios como o enriquecimento intelectual, o fomento à criatividade, à tolerância e à análise crítica.

> Quanto aos benefícios monetários gerados pela atividade cultural, Reis (2003) os classifica como diretos, indiretos, induzidos e de tributos. Os benefícios diretos são os gerados pelo próprio projeto ou pela instituição cultural, envolvendo suas despesas na região na compra de produtos e serviços. Os indiretos compreendem os gastos do público participante com hospedagem, alimentação, transporte e compras. Já os induzidos se referem a todas as compras e as despesas em geral efetuadas

pelas equipes de produção, artistas, assessores de imprensa e demais envolvidos no projeto. Finalmente os benefícios de tributos abrangem os impostos e as taxas pagos pelo projeto ou pela instituição aos governos municipais, estaduais e federal. (Lisboa Filho; Corrêa; Vieira, 2015, p. 6)

Atualmente, os consumidores gastam, em média, consideravelmente mais com bens culturais do que antes; porém, muitos artistas não têm percebido esse aumento com relação à renda obtida. Greffe (2013) discute a fragilidade e até a fatalidade econômica dos artistas perante o crescente condicionamento da arte e o desaparecimento da maioria das instituições a ela vinculadas.

O mercado da arte talvez seja o mais antigo que existe, e comparar o nível de vida dos artistas com o de profissionais de outras categorias é um tema de discussão recorrente. Nessa perspectiva, o rendimento artístico foi 30% menor nos anos 1980 e 40% menor na década de 1990. Uma pesquisa realizada em 1989, por exemplo, mostrou que um artista plástico em New York e com rendimento de três mil dólares investia o custo médio de nove mil dólares em sua atividade.

Algumas análises também evidenciaram a fragilidade dessa ocupação e a sub-remuneração causada pela existência de *superstars*, já que a mídia oferece possibilidades de economia de escala e demanda. Logo, mesmo que a atividade dos artistas seja a mesma, sua remuneração difere pelo reconhecimento que cada um obtém perante o grande público. Desse modo, alguns são excluídos do processo, ao passo que outros alcançam fama e renda exorbitantes e, via de regra, equivalentes.

Segundo Greffe (2013), "Quando a renda dos artistas está garantida diretamente, os estudantes podem imaginar que a sociedade, daí em diante, irá garantir a eles um mínimo de remuneração". Tal situação, entretanto, é bastante questionada por esses profissionais.

O autor reflete ainda sobre a existência de uma ligação entre o mercado da bolsa e o mercado da arte. Sobre o tema, ele explica que a cobertura das perdas na bolsa implica recuperar a liquidez, inclusive por meio de venda com prejuízo, o que estimula comportamentos mais ativos no setor.

A noção de que artistas podem contribuir para o melhor funcionamento da economia traz à tona diferentes perspectivas. Alguns argumentam que, graças à arte, a qualidade dos produtos e o nível de vida aumentariam. Outros, todavia, enfatizam a oposição entre cultura e economia (ou valor estético e função utilitária), assim como o fato de que as artes não são mais avaliadas sob o ângulo da revolução social, mas por sua sustentabilidade econômica.

> Em uma economia de mercado, a autonomia do artista e a viabilidade de sua atividade pressupõem a demanda potencial de suas obras. A diferença econômica entre o sistema de encomendas ou de patrocínio e o mercado pode ser atribuída aqui, não sem simplificação, ao fato de que naquele caso o artista tem a possibilidade de discutir sua obra e normalmente pode impelir sua criatividade até onde julgar adequado. Em uma economia de mercado, o artista está sujeito, para o bem ou para o mal, aos riscos da demanda por parte dos vários compradores em potencial, diretos ou indiretos. (Greffe, 2013)

Há duas características fundamentais da economia contemporânea que definem a cultura como fonte de consumo. A primeira delas é a chamada *economia do conhecimento*, que dá aos fatores intangíveis um papel determinante, contexto em que a atividade artística busca a criatividade e a coloca à disposição dos setores econômicos. A segunda delas é a denominada *economia global*, que reforça as oportunidades de diversidade diante da competitividade pelo preço. Nessa conjuntura, os consumidores procuram se distinguir uns dos outros, com um comportamento de consumo pós-moderno. A união dessas duas características conduz a um sistema econômico diferente, em que o sistema de produção é flexível para produzir em termos de variedade e quantidade.

> **Exercício resolvido**
> Sobre a economia da cultura, trata-se de algo que submerge a sociedade na cultura e gera impactos econômicos, servindo ainda, na atualidade, como estratégia para algumas empresas diante do mercado competitivo.
>
> Nessa perspectiva, assinale a alternativa que apresenta o significado da economia da cultura em um mundo globalizado e culturalmente diverso:
> a) Refere-se ao ato de – diante de novos hábitos de consumo, emergentes formas de comunicação e com a forte influência cultural nas estratégias de marketing – proporcionar à sociedade o acesso à cultura.
> b) Em uma perspectiva individualista proveniente do cenário econômico, compreende a defesa de que o ser humano é o único a ter acesso à cultura.
> c) Representa a possibilidade de acesso ao marketing das grandes empresas para a divulgação de sua marca e produto.
> d) Concerne à criação de novos espaços culturais.
>
> **Gabarito**: a
>
> **Feedback do exercício**: a economia sofre constantes mudanças, e uma delas viabilizou o investimento no acesso à cultura por parte da sociedade, conferindo a ela a capacidade de impulsionar o mercado – tal como expresso na alternativa "a". As demais alternativas estão incorretas: ao contrário do que indica a "b", passou-se a valorizar a sociedade e sua diversidade; em oposição ao afirmado em "c" e "d", não se assumiu a proposta de divulgar marcas nem foram criados novos espaços culturais.

2.4 Comportamento do consumidor: aspectos interferentes e técnicas de análise

Como já mencionamos, o comportamento dos consumidores é estudado pelo marketing para permitir entender de que maneira eles compram produtos e como suas necessidades e seus desejos podem ser atendidos com eficiência.

Banov (2017) destaca que as pessoas são diferentes em sua forma de ser e de pensar, sobretudo em termos de estilo de vida, classe social e idade. Elas têm interesses, necessidades e desejos distintos, o que faz as empresas tentarem agrupá-las em perfis de consumo. Do mesmo modo, o mercado se diferencia em função da concorrência, o que força cada organização a assumir identidades únicas, com diversos tipos de qualidade, preço, tamanho e meios de divulgação.

Conforme Reade et al. (2016), o cérebro reage aos estímulos mercadológicos, que incentivam a tomada de decisão pela compra por meio de um desequilíbrio entre a situação atual e a desejada. E é esse desequilíbrio que precisa ser compreendido pelos profissionais de marketing, quais fatores condicionam a compra de algo por um grupo, mas não por outro.

Um dos fatores do sucesso ou do fracasso nessa decisão é o preço. Em alguns casos, os clientes têm propensão a adquirir itens mais caros porque relacionam seu preço alto à sua qualidade; logo, nessa ótica, itens de menor valor apresentariam qualidade inferior. Somam-se a isso outros aspectos determinantes, como percepção, motivações conscientes e inconscientes, ciclo e estilo de vida e elementos demográficos.

Por vezes, os consumidores expressam a intenção de adquirir um produto, mas não o fazem durante o fechamento da compra em razão da relação estabelecida entre o gostar e o comprar. Sobre tais sujeitos, com base na pesquisa de Izidoro (2015), também é possível afirmar que:

- gastam com bens e serviços tudo o que recebem;
- não investem tudo em apenas um bem;
- não adquirem o suficiente da maioria dos produtos;
- procuram a satisfação total conforme sua renda e os preços praticados no mercado.

Como mais uma alternativa para entender os estímulos não verbais dos consumidores, foi criado o **neuromarketing**, campo de estudo que busca mapear os comportamentos pouco tradicionais desses sujeitos, de acordo com Reade et al. (2016). Ele busca verificar as reações, as expressões, as ondas cerebrais e os batimentos cardíacos dos sujeitos, para identificar seus sentidos no processo de decisão de compra.

Essa área conquistou espaço no mercado na década de 1990 e oferece como vantagem o uso de técnicas diferentes e mais precisas para avaliar as estratégias mercadológicas das empresas. Entre tais técnicas estão, conforme Reade et al. (2016):

- **Imagem por ressonância magnética funcional (IRMf)**: permite captar imagens em alta resolução de áreas mais profundas no cérebro. Ademais, possibilita analisar o comportamento do sangue que transporta o oxigênio dos pulmões (diferente do sangue que já liberou oxigênio para as células), bem como identificar os locais com maior atividade sanguínea.
- **Atividade eletrodermal (EDA)**: possibilita detectar alterações elétricas na superfície da pele quando ela recebe sinais cerebrais. Qualquer situação emocional faz com que a pele transpire, e essa alteração de suor é medida com exatidão pelo referido equipamento.
- **Eletroencefalograma (EEG)**: permite visualizar a atividade elétrica cerebral e alguns aspectos psicológicos, bem como identificar diversas ondas cerebrais.
- *Eye tracking*: realiza o monitoramento ocular em dois modelos. O *eye tracking* de mesa emprega monitores e projetores para observar os estímulos e as respostas nos locais em que o consumidor foca sua visão. Já o *eye tracking* de óculos é utilizado em pesquisas nas quais a pessoa analisada encontra-se em movimento.
- *Face reading*: analisa as emoções reveladas pela face humana por meio de linguagem não verbal, o que engloba intenções, sentimentos e vontades – microexpressões faciais que indicam alegria, tristeza, raiva e medo, por exemplo. Considera dois fatores: o emocional positivo e o negativo, que determinam a aceitação ou a rejeição a algo, respectivamente.
- **Perfis salivares**: trata-se de um exame de saliva para mensurar diversos hormônios, como testosterona, cortisol e melatonina.

> **Para saber mais**
> O vídeo a seguir apresenta, sinteticamente, o estudo do comportamento dos consumidores e traz exemplos práticos de uso do neuromarketing por empresas como estratégia para captar consumidores.
> NEUROMARKETING: a ciência do marketing na prática. **Viver de Blog**, 22 jan. 2018. Disponível em: <https://www.youtube.com/watch?v=SIQT8dYZ7cA&t=342s>. Acesso em: 19 ago. 2021.

Até este ponto, discutimos diferentes perfis de consumidores. Em complemento ao exposto, Banov (2017) propõe mais uma categorização desses sujeitos: os consumidores pessoais e os organizacionais. Os **consumidores pessoais** compram itens para consumo próprio, como roupas, alimentos, produtos de higiene, ou utensílios para a casa, como móveis e eletrodomésticos. Essas pessoas nem sempre são o usuário final, podendo adquirir produtos para filhos ou companheiros, ou seja, tomam a decisão de compra com base também em anseios e gostos de outras pessoas. Por sua vez, os **consumidores organizacionais** são todas as organizações e empresas, privadas ou públicas, com ou sem fins lucrativos, que adquirem produtos de diversos tipos.

Todas as informações mencionadas devem ser levadas em conta para que o profissional de marketing faça segmentações de mercado e, assim, direcione os produtos a consumidores que realmente se interessem por eles. Esse agrupamento de clientes com demandas e desejos similares é feito, como já explicamos, tendo em conta aspectos como idade, sexo, localização, estilo de vida, estado civil, escolaridade e ocupação.

As empresas investigam, ainda, como os consumidores dão significado ao que percebem (veja alguns exemplos a seguir) por meio dos cinco sentidos, ou seja, sua capacidade de interpretar os estímulos do mundo externo.

a) Visão: estratégias de organização dos produtos nas prateleiras e loja, limpeza, decoração, apresentação dos produtos, embalagens, fluxo de pessoas, mobiliário, etc.

b) Olfato: shoppings com cheiros agradáveis que vão se diferenciando de um setor para outro, cheiro de carro novo por meio de fragrâncias produzidas em laboratórios, assim como as essências de sabores de hambúrgueres ou pipoca nos cinemas, cheiros de limpeza e higiene em lojas, hospitais e outros ambientes, pão fresco na padaria, flores frescas na floricultura, entre outros.

c) Audição: música ambiente, pessoas conversando, ruídos externos, voz do vendedor, entre outros.

d) Tato: temperatura ambiente, textura dos produtos, assento agradável etc.

e) Paladar: gosto de bebidas ou comidas, degustações. (Banov, 2017, p. 12)

Essas sensações condicionam as escolhas de compra do consumidor conforme suas necessidades. Itens como iluminação, tamanho e cores estimulantes da embalagem, localização do produto e frequência com que aparece nas prateleiras, bem como anúncios em movimento, levam ao resultado positivo.

Para analisar o perfil do consumidor, o profissional de marketing também deve escolher um método, modos de coleta de dados e outras técnicas a serem aplicadas durante esse processo. É fundamental lembrar que a inexistência ou a insuficiência de pesquisas resulta na não comercialização de alguns produtos, isso porque ocasiona comunicação inadequada e adoção de pontos não estratégicos, de acordo com Banov (2017).

Essas pesquisas são realizadas de duas maneiras: **quantitativa**, baseada em dados numéricos, e **qualitativa**, voltada à identificação dos motivos de compra de um produto. Já os métodos de pesquisa englobam:

- **Pesquisa experimental**: técnica utilizada em laboratório e que permite testar várias possibilidades.
- **Pesquisa de campo**: prática de estudar o comportamento do consumidor nos locais em que as compras são efetuadas.
- **Pesquisa bibliográfica**: método desenvolvido por meio de consulta a documentos sobre a questão investigada. É também conhecido como *pesquisa documental, levantamento de dados* e *estudo de caso*.

Com essas técnicas, é possível obter dados para diagnosticar o perfil do consumidor. Para tanto, também é necessário definir o método de coleta dessas informações. A Figura 2.1 apresenta algumas possibilidades, as quais detalhamos na sequência.

Figura 2.1 – Métodos para coleta de dados

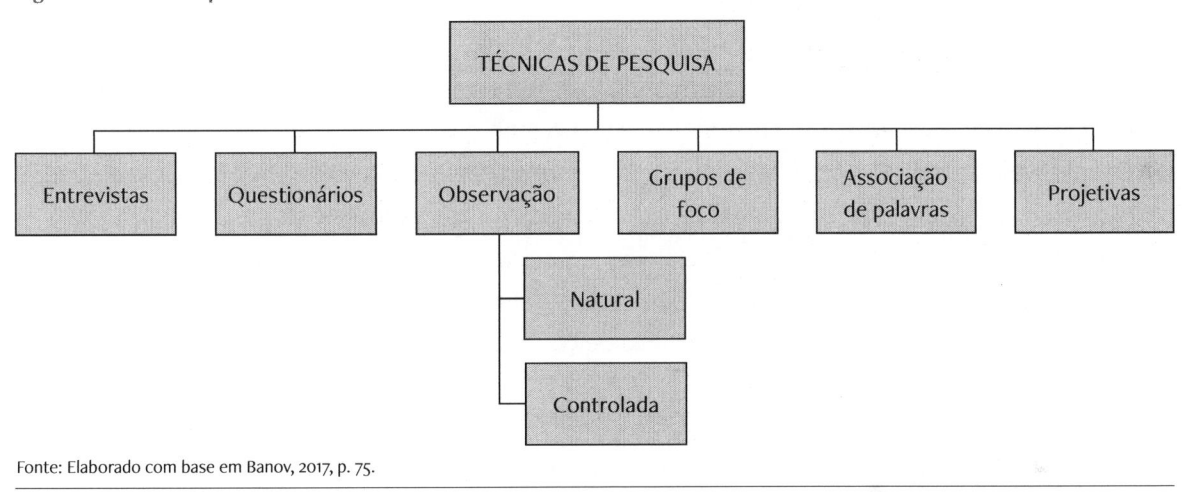

```
                        TÉCNICAS DE PESQUISA
         ┌──────────┬──────────┬──────────┬──────────┬──────────┐
     Entrevistas Questionários Observação Grupos de Associação Projetivas
                                            foco    de palavras
                                   │
                                ┌──┴──┐
                               Natural
                              Controlada
```

Fonte: Elaborado com base em Banov, 2017, p. 75.

- **Entrevista**: concerne à predefinição de questionamentos, cujas respostas permitem entender a visão do consumidor sobre determinada marca, produto ou hábito.
- **Questionário**: refere-se à elaboração de questões sobre o produto para serem respondidas verbalmente ou por meio de preenchimento em papel ou *on-line*.
- **Observação**: trata-se da definição de um roteiro para observar comportamentos e registrar impressões a respeito deles.
- **Grupos de foco**: compreende a reunião de 8 a 12 pessoas com características semelhantes (como idade, estado civil e escolaridade) para discutir suas percepções sobre determinado produto. Ao se agir como mediador desse processo, podem-se obter muitas informações relevantes.

- **Associação de palavras**: consiste em ligar uma palavra a um objeto. É um método bastante utilizado na criação do nome de uma marca ou na realização do comercial de um produto.
- **Técnicas projetivas**: visam reconhecer as motivações inconscientes do consumidor. Enquadram-se na pesquisa qualitativa e são empregadas quando as outras técnicas não permitem coletar a informação desejada.

Com a popularização da internet e o advento do comércio eletrônico (ou *e-commerce*) – o qual aumentou a competitividade do mercado, agora brigando por espaço com as lojas físicas –, muito se tem falado do chamado **consumidor virtual**, ou seja, o sujeito que faz compras "por meio de computadores e dispositivos móveis (celulares, tablets, notebooks e similares) conectados à internet" (Banov, 2017, p. 83), interagindo com vendedores apenas virtualmente, sem a presença física em uma loja.

Nesse contexto, atrelado às mídias sociais, emergiu o *s-commerce*, que é considerado o "boca a boca" virtual. Ele reúne sobre os produtos indicações, informações, reclamações e sugestões (informações cuja transmissão requer responsabilidade e ética) em *sites*, *blogs* e redes sociais, os quais são consultados pelos consumidores.

> Perguntas & respostas
> **Qual é a diferença entre *e-commerce* e *s-commerce*?**
> *E-commerce*, que registrou um crescimento considerável nos últimos anos, refere-se às compras *on-line* na linha de varejo. Já *s-commerce* é a promoção de produtos por meio das mídias sociais, isso com o auxílio de um profissional de marketing. Nesse caso, as vendas são realizadas nessas mesmas plataformas, que configuram um meio poderoso para conquistar o mercado e elevar os lucros.

O consumidor virtual é influenciado por aspectos como a confiabilidade, verificando, por exemplo, se há reclamações sobre o produto antes de efetivar a compra. Também tem facilidade em localizar o item desejado e de comparar as lojas que o comercializam (em termos de qualidade, preço e condições de pagamento mais favoráveis). É conveniente para ele comprar pela internet, já que leva menos tempo para fazê-lo e pode esclarecer todas as suas dúvidas. É fundamental, nesse caso, que a empresa responsável cumpra os prazos de entrega dos produtos e realize trocas e devoluções transparentes e rápidas para conquistar a confiança do cliente, cuja satisfação com relação ao item adquirido e à empresa será analisada pelo pós-venda.

Conforme Hawkins e Mothersbaugh (2019), a cultura abrange quase tudo o que influencia os processos mentais e os comportamentos de um indivíduo, fornecendo-lhe, ainda, limites quanto ao pensar e ao agir sobre o mundo circundante. Portanto, os valores culturais afetam o consumo, sendo classificados em três tipos, que se orientam para os outros, para o ambiente e para o próprio indivíduo. Com relação às variações culturais, eles podem tornar necessária a adaptação de produtos e serviços à localização em questão, bem como a padronização de propagandas.

Figura 2.2 – Processo de decisão de consumo

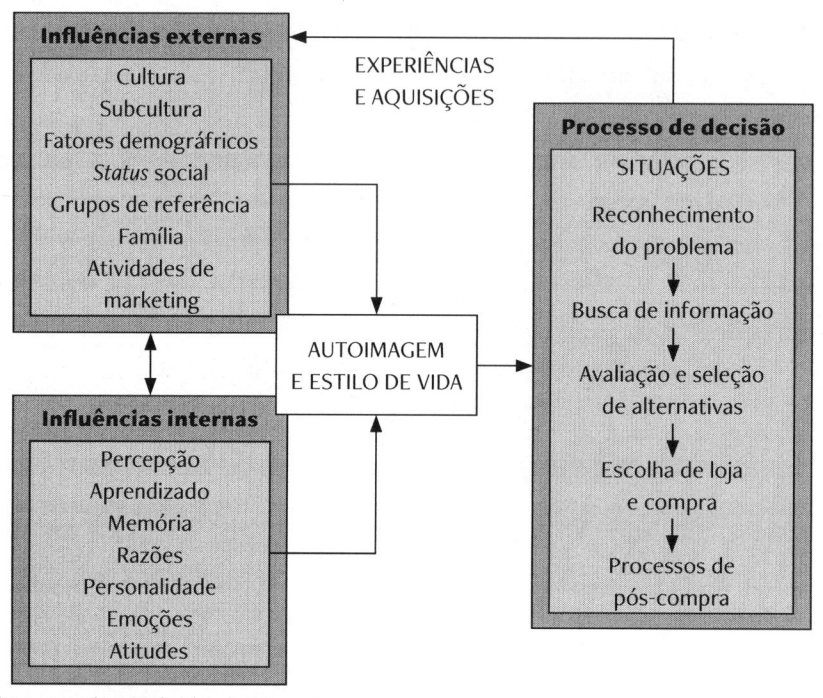

Influências externas
- Cultura
- Subcultura
- Fatores demográfricos
- *Status* social
- Grupos de referência
- Família
- Atividades de marketing

Influências internas
- Percepção
- Aprendizado
- Memória
- Razões
- Personalidade
- Emoções
- Atitudes

AUTOIMAGEM E ESTILO DE VIDA

EXPERIÊNCIAS E AQUISIÇÕES

Processo de decisão

SITUAÇÕES
- Reconhecimento do problema
- Busca de informação
- Avaliação e seleção de alternativas
- Escolha de loja e compra
- Processos de pós-compra

Fonte: Elaborado com base em Hawkins; Mothersbaugh, 2019, p. 319.

Como é possível constatar, aspectos externos e internos influenciam o processo de decisão da compra. Nessa perspectiva, a **influência situacional** é definida como todos os fatores específicos intervenientes em um momento. Por exemplo, "um consumidor pode geralmente ser animado (traço estável), mas, um pouco antes de ver a propaganda de uma empresa, assiste a um noticiário perturbador, que o deixa de mau humor" (Hawkins; Mothersbaugh, 2019). Assim, alguns fatores situacionais provêm do ambiente da mídia em que a propaganda aparece, o que faz com que o consumidor reaja e se comporte de maneira diferente a depender da circunstância.

A seguir, vejamos quais características são levadas em consideração na aquisição de produtos.

Figura 2.3 – Interação da situação com a atividade de marketing e o indivíduo para determinar o comportamento deste

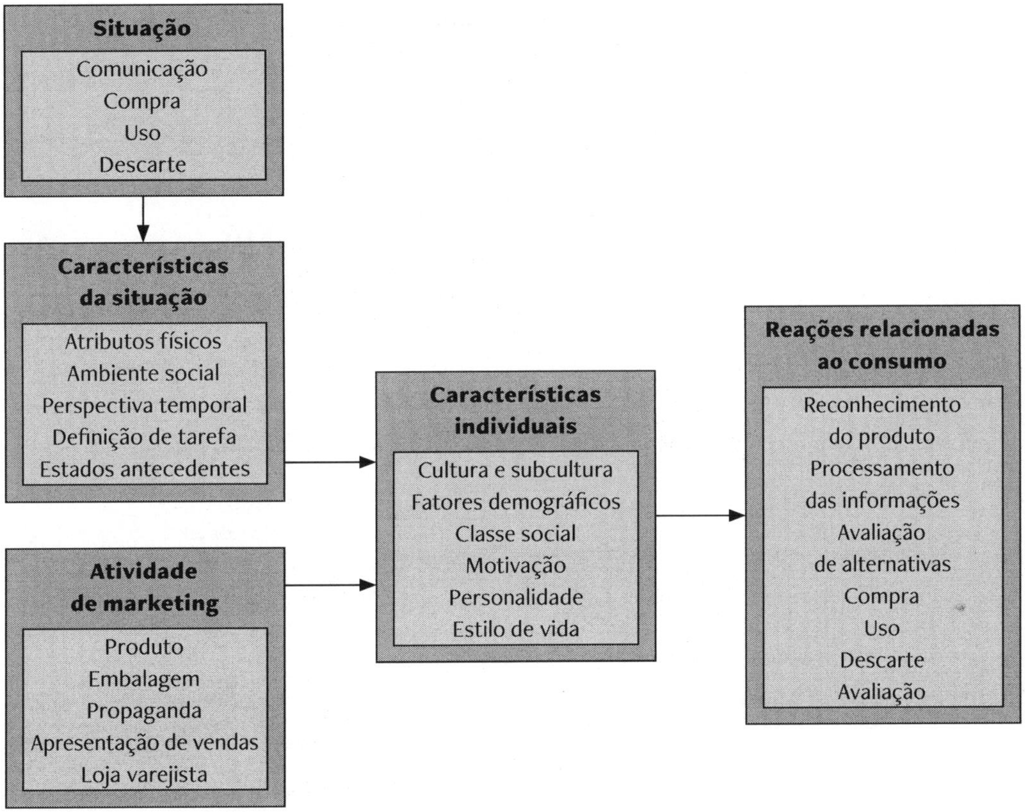

Situação
- Comunicação
- Compra
- Uso
- Descarte

Características da situação
- Atributos físicos
- Ambiente social
- Perspectiva temporal
- Definição de tarefa
- Estados antecedentes

Atividade de marketing
- Produto
- Embalagem
- Propaganda
- Apresentação de vendas
- Loja varejista

Características individuais
- Cultura e subcultura
- Fatores demográficos
- Classe social
- Motivação
- Personalidade
- Estilo de vida

Reações relacionadas ao consumo
- Reconhecimento do produto
- Processamento das informações
- Avaliação de alternativas
- Compra
- Uso
- Descarte
- Avaliação

Fonte: Elaborado com base em Hawkins; Mothersbaugh, 2019, p. 324.

Tipos de situação

- **Comunicação**: a maneira como os consumidores recebem informações afeta seu comportamento, e isso determina o modo de transmissão de anúncios para eles.
- **Compra**: a falta de tempo do cliente afeta o local para a realização da compra.

- **Uso**: profissionais de marketing podem identificar o melhor momento para que os produtos gerem satisfação (por exemplo, depois da última prova ou num almoço com os pais).
- **Descarte**: concerne à possibilidade de um produto ser facilmente reciclado; o acúmulo de lixo ocasiona problemas socioambientais graves e, por isso, suscita grande preocupação.

Características da situação

- **Atributos físicos**: determinam o comportamento e englobam decoração, sons, aromas, iluminação, clima, cores, música e arrumação das mercadorias.
- **Ambiente social**: diz respeito aos diferentes indivíduos presentes na situação, que tendem a agir sempre pensando na reação do público em geral.
- **Perspectiva temporal**: trata-se do efeito que o tempo exerce sobre o comportamento do consumidor; logo, quanto menos tempo disponível, menor a busca por informações sobre os produtos.
- **Definição de tarefa**: é o motivo pelo qual a atividade de consumo ocorre; por exemplo, a aquisição de um produto para ser ofertado de presente como expressão de amor ou carinho (algo que varia de acordo com a ocasião, o gênero e a idade do sujeito presenteado).
- **Estados antecedentes**: são as características não duradouras dos indivíduos, como condições (doente, cansado) ou humores (feliz, alegre, triste, magoado ou deprimido).

Identificados esses aspectos e seus impactos, os profissionais de marketing precisam determinar quais produtos e marcas têm maior probabilidade de serem adquiridos. Dessa maneira, podem desenvolver produtos, propagandas e estratégias de segmentação coerentes com o que os indivíduos escolhem para seu estilo de vida.

Ao abordarmos a decisão de compra do consumidor, geralmente imaginamos "um indivíduo avaliando cuidadosamente os atributos de um conjunto de produtos, marcas ou serviços e escolhendo racionalmente aquele que atende a uma necessidade claramente reconhecida pelo menor preço" (Hawkins; Mothersbaugh, 2019, p. 348). Contudo, muitas decisões envolvem pouco esforço consciente, estando baseadas em sentimentos e emoções, naquilo que "faz com que eu me sinta bem", e não no preço, no estilo ou nos atributos funcionais.

Em complemento, algumas compras são efetivadas por lembrança, quando o consumidor se depara com algo de que necessitava, ou por pura impulsividade, quando vê um item chamativo ou em promoção. A primeira impressão de uma pessoa acerca de um produto pode ser positiva ou negativa, alicerçando-se em seu *design*, sua aparência e seu aspecto geral. Conforme Bridger (2017), essa primeira impressão se deve às emoções engajadoras, que são rápidas demais para envolver uma análise consciente/racional do item.

Nessa direção, quanto mais alto o nível de envolvimento com a compra, mais complexa é a decisão. Porém, os dois casos, orientados pela emoção ou pela racionalidade, assemelham-se e constituem um misto.

De acordo com Hawkins e Mothersbaugh (2019), toda compra envolve riscos, alguns até inesperados. Pode ocasionar **custos** sociais (quando as pessoas julgam um resultado como ruim), financeiros (quando um item é caro, mas com pouco ou nenhum benefício para o cliente), temporais (quando há prazos longos para o recebimento do produto), de esforço (quando o produto apresenta defeitos e o cliente precisa buscar suporte técnico) e físico (quando o item apresenta efeitos prejudiciais à saúde).

No caso de lojas físicas, há algumas tipificações para as compras realizadas nesses espaços:

- **Especificamente planejadas**: decisão por um item (por exemplo, pasta de dente da marca A) tomada antes de o consumidor visitar a loja.
- **Planejadas em termos gerais**: decisão por determinada categoria de produto (por exemplo, perfume) tomada antes de o cliente visitar a loja.
- **Decisões no interior da loja**:
    - **Substitutas**: substituição de um item já escolhido por outro com a mesma funcionalidade (por exemplo, troca de um molho de tomate por outro de uma marca mais barata, com embalagem maior etc.).
    - **Não planejadas**: compra feita pelo cliente que não tinha em mente, antes de entrar na loja, qual item adquiriria.

Em suma, o perfil dos consumidores compreende um conjunto de estágios, da intenção de compra ao uso efetivo dos produtos, e a análise de seu comportamento permite responder a questões como: O que e por que compram? Onde e com que frequência consomem algo?

Diante disso, o consumidor chega a ser comparado a um *iceberg*, que, a menos que se movimente, permite a visualização de parte de sua estrutura apenas. Nesse sentido, quanto ao cliente, ninguém consegue identificar sua real intenção, que permanece oculta e movida por influências também "submersas".

A fim de destrinchar essas motivações (conscientes ou não), vimos que diversos estudos foram conduzidos, evidenciando que consumimos não apenas para a satisfação de necessidades, mas também em razão do significado e dos benefícios proporcionados pelos produtos (como *status*, estética, emoções etc.). Essa constatação levantou discussões e preocupações acerca do chamado *lado negro* do consumismo, que pesquisadores associam a vícios, furtos em lojas, alcoolismo ou, até mesmo, uso de drogas.

Exercício resolvido

O perfil de consumo varia de acordo com as necessidades e os desejos de cada indivíduo. Diante desse fato, as empresas buscam entender quais fatores levam os consumidores a adquirir determinado produto ou, até mesmo, a preferir marcas concorrentes.

Entre as situações apresentadas a seguir, assinale a que **não** corresponde a um fator (estratégia) determinante da decisão pela compra de um item:

a) Embalagens com cores atraentes.
b) Bom posicionamento dos produtos e fácil acesso a eles nas prateleiras dos supermercados.
c) Ambiente físico desorganizado, com produtos aleatórios nas prateleiras.
d) Atendimento diferenciado e intimista.

Gabarito: c

***Feedback* do exercício**: o consumidor busca um ambiente agradável para escolher e localizar facilmente o produto, bem como a realização dessa tarefa em tempo otimizado. Por isso, a alternativa "c" está incorreta (ou seja, não indica uma estratégia para condicionar o cliente a consumir um item), e as demais afirmativas estão corretas.

Síntese

- No âmbito do mercado, há o comprador com suas demandas e seus anseios, assim como o vendedor com um produto capaz de atendê-los.
- A competitividade entre as empresas é imensa. Por isso, destaca-se quem melhor consegue compreender as necessidades e o pensamento do consumidor, e o estudo do marketing é fundamental nesse processo.
- A indústria e a cultura estão atreladas. De um lado, a empresa busca lucratividade; de outro, a cultura reúne sujeitos em torno de manifestações como teatro, cinema e outros eventos. Nesse contexto, o mercado cultural tornou-se um investimento que promove a cultura.
- O setor de produção artística é considerado estratégico no Brasil. Desenvolveu-se ao longo do tempo e conta com apoio governamental para difundir diferentes práticas culturais na sociedade.
- O perfil do consumidor é algo complexo, e seu entendimento (daquilo que motiva a escolha de determinado produto) requer a realização de diferentes tipos de pesquisa.
- O comportamento do consumidor é condicionado por várias questões, e a principal é o reconhecimento da pertinência de se adquirir determinado item, o que muitas vezes não ocorre e resulta em compras por impulso.

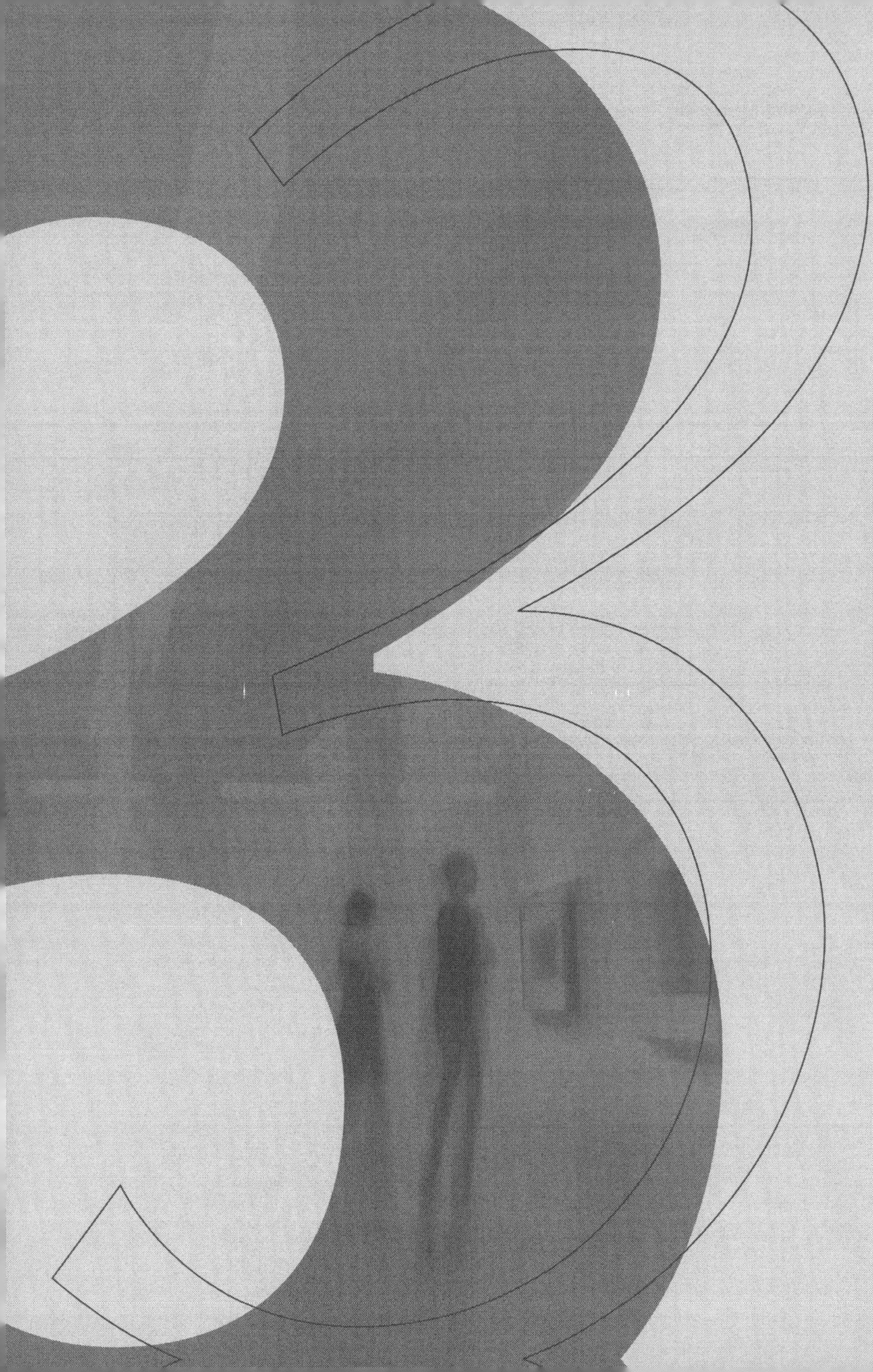
3

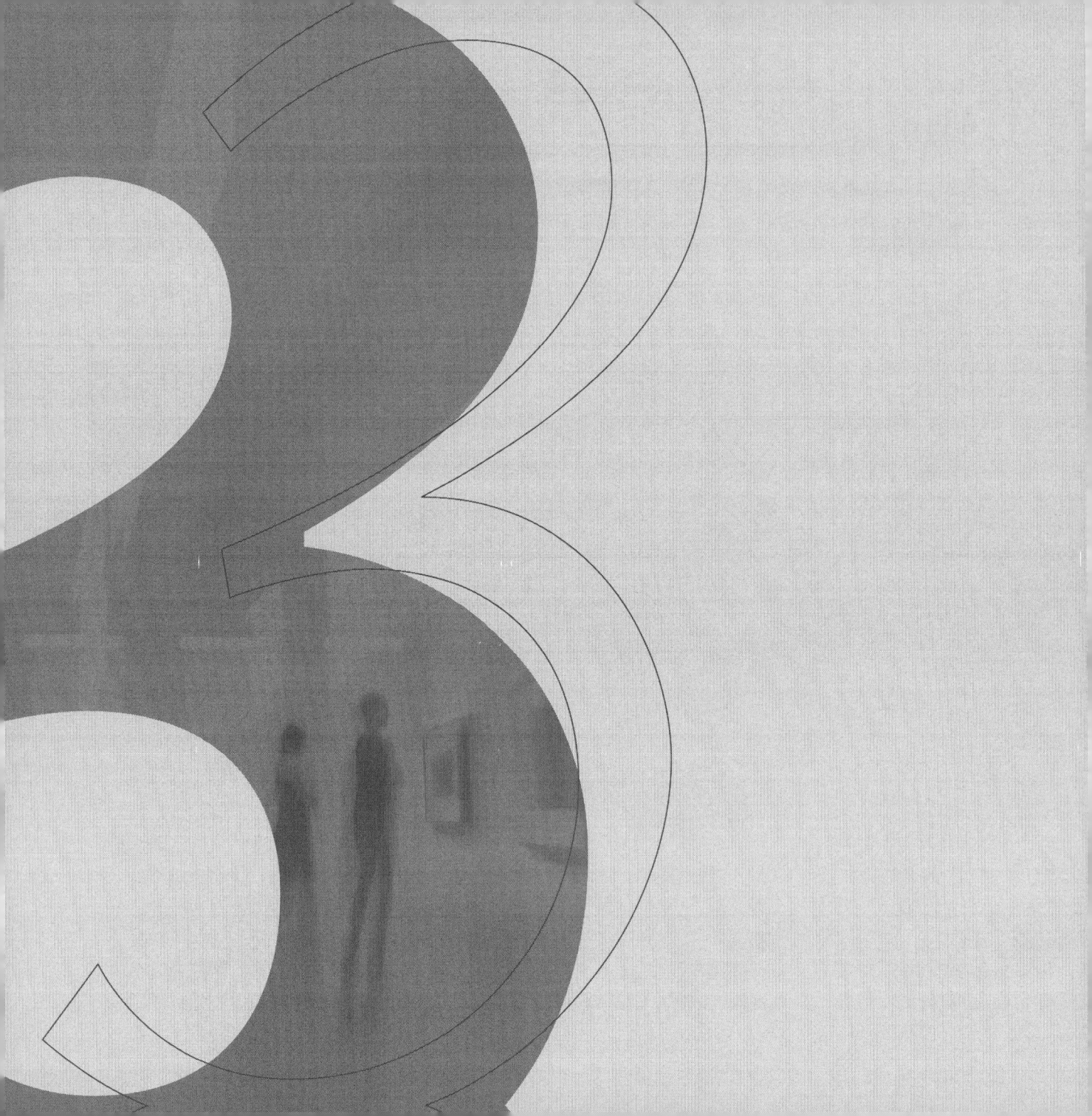

Financiamento cultural

Conteúdos do capítulo:

- Produção e consumo culturais.
- Leis de incentivo à cultura.
- Políticas culturais.
- Sistemas colaborativos de financiamento cultural.
- Financiamento cultural privado.

Após o estudo deste capítulo, você será capaz de:

1. explicar o funcionamento da produção e do consumo culturais;
2. descrever os sistemas de financiamento cultural;
3. apontar leis e políticas de incentivo cultural;
4. indicar a relevância da implementação de políticas para a arte e a cultura.

Entender a produção e o consumo cultural implica examinar desde o desenvolvimento de um artefato/evento/manifestação até sua disponibilização ao consumidor. Mas como visualizar esse processo que é interligado à cultura? É a esse questionamento que responderemos neste capítulo.

O financiamento cultural provém de diversas fontes, sejam privadas, sejam públicas, sejam combinadas (caso em que a iniciativa privada complementa o suporte da pública), de modo a possibilitar à sociedade o acesso à cultura. Para a concessão e aplicação desses recursos, há leis e políticas específicas, que comentaremos aqui.

Também trataremos da solicitação de recursos públicos para a realização de algum projeto cultural em cumprimento a uma lei específica, bem como do funcionamento das políticas culturais no Brasil. Ao final, discutiremos o financiamento de projetos culturais pela iniciativa privada.

3.1 Análise da produção e do consumo cultural

O que podemos afirmar sobre o significado de *consumo*? Há três definições possíveis. A primeira alude ao consumo de energia, também no sentido de um sujeito estar exausto física e mentalmente. A segunda concerne à ação de adquirir algo e gastar. Por fim, a terceira se refere ao uso de bens e serviços produzidos, conforme Souza (2017).

Todas as culturas e sociedades constroem a si mesmas por meio dos materiais à sua volta. Os indivíduos buscam se proteger das mudanças no tempo, comer, se vestir, suprir outras necessidades e executar diversas atividades. Diante disso, podemos afirmar que não há como fugir do consumo na terceira acepção mencionada, pois a sobrevivência humana depende disso.

O **consumo** é, nessa perspectiva, "um processo social que diz respeito a múltiplas formas de provisão de bens e serviços e a diferentes formas de acesso a esses mesmos bens e serviços; um mecanismo social percebido pelas ciências sociais como produtor de sentido e de identidades" (Barbosa; Capell, citados por Souza, 2017, p. 50). Seus resultados podem ser positivos ou negativos.

3.1.1 Produtos culturais

Sobre a complexa relação entre produtos e culturas, verifica-se que toda cultura gera objetos. Esses artefatos são utilizados pelas pessoas que dela compartilham, assim como valorados, confeccionados e manuseados de acordo com os hábitos locais e o acesso à matéria-prima.

Coelho (1997, p. 317) define esses **produtos culturais** como

> aqueles que expressam ideias, valores, atitudes e criatividade artística e que oferecem entretenimento, informação ou análise sobre o presente, o passado (historiografia) ou o futuro (prospectiva, cálculo de probabilidade, intuição), quer tenham origem popular (artesanato), quer se tratem [sic] de produtos massivos (discos de música popular, jornais, histórias em quadrinhos), quer circulem por público mais limitado (livros de poesia, discos e CDs de música erudita, pinturas). Embora desta definição participem conceitos vagos, como "ideias" e "criatividade artística", ela exprime um consenso sobre a natureza dos produtos culturais.

A relevância dos bens de consumo reside na capacidade que têm de carregar e comunicar significados culturais. Na verdade, todo produto engloba aspectos culturais; contudo, aqui nos referimos especificamente a pinturas, peças teatrais e musicais, com diversas questões relacionadas à identidade nacional, à cultura popular, à hegemonia cultural e a políticas públicas da cultura.

Segundo Alves (2015), a produção cria o consumo, acarreta a confecção de objetos que suprem necessidades. Em outras palavras, ela "é quem cria o consumidor. [...] cria o objeto para o consumo; [...] dá-lhe o acabamento; o objeto é produzido na forma e na medida exata para o consumo" (Alves, 2015, p. 18). Logo, nessa relação produto-consumidor, determina-se quais mercadorias serão consumidas, em que momento e em quais quantidades.

> Os produtos da indústria cultural são muito diferentes da obra de arte tradicional. No século XVIII e antes, a obra de arte podia manter certa autonomia frente ao mercado, graças a um sistema de

patrocínio que defendia o artista das exigências imediatas. Essa autonomia possibilitava à obra de arte manter certa distância da realidade existente, ocultando o sofrimento e a contradição e, deste modo, conservava algum resquício da ideia de uma vida feliz. Mas com a progressiva mercantilização dos bens culturais esta autonomia foi destruída. A arte se rende sempre mais à lógica da produção de mercadorias e do mercado, e por isso perde o potencial crítico inerente à própria gratuidade das formas artísticas tradicionais. (Thompson, citado por Machado Neto, 2002, p. 333)

Por sua vez, o produtor cultural é um tradutor das necessidades da empresa no setor cultural, procurando delinear e consolidar o projeto mais adequado aos objetivos dela.

A produção cultural engloba um conjunto de pré-requisitos: políticas públicas, ação cultural, leis de incentivo, empreendimento privado, mercado de trabalho, consumo, redes de distribuição, geração de receita tributária etc. Ademais, dá suporte ao planejamento no marketing, assim como desempenha papel fundamental nos seguintes âmbitos: tráfego de material, controle da produção, tomada de preços, levantamento de orçamento e custos dos projetos, cadastro e controle dos fornecedores.

3.1.1.1 Produções cinematográficas

Souza (2017) explica que, nesse cenário, a indústria cultural concerne à circulação de produtos culturais por diferentes redes de distribuição. Um exemplo disso é o cinema, cujas produções – que chegam a todos os lugares do mundo graças a diversas estratégias de difusão, a fim de gerar maior lucratividade – são realizadas em múltiplos estúdios e com a participação de diferentes especialistas.

Segundo Mantecón (2017), com o avanço da era digital, houve uma transformação no acesso aos filmes no século XXI, sendo estes oferecidos aos telespectadores por várias mídias, linguagens e plataformas. Desse modo, esses bens culturais passaram da projeção nas salas de cinema à exibição em televisores.

Na sequência, a evolução digital, mais especificamente o desenvolvimento da internet, possibilitou a reorganização dos circuitos audiovisuais, levando os consumidores a abandonar a televisão em busca de maior interatividade, de acordo com as ofertas disponíveis e uma menor quantidade de anúncios.

Muitos dos usuários provenientes dessa época nunca passaram pela experiência de comprar um disco ou um VHS/DVD, muito menos estavam dispostos a pagar por uma entrada de cinema ou por um vídeo legalizado. Agora, já percebemos os computadores cedendo lugar aos *smartphones*.

O consumo de filmes *on-line* vem aumentando em todo o mundo, sobretudo graças a plataformas digitais como YouTube e Netflix. Isso torna complexo dimensionar o mercado físico de pirataria de filmes, que emerge por questões de preço, possibilidade de acesso e diversidade na oferta de formatos de mídia.

O crescimento da produção cinematográfica não é suficiente para garantir o entretenimento do cinema a toda a população nem para romper barreiras culturais por meio de exibições diversificadas. Nesse sentido, "fluxos desiguais da globalização fazem com que a produção cultural cinematográfica da maioria dos países dificilmente tenha acesso às telas locais, regionais e globais" (Mantecón, 2017, p. 49).

Os filmes são fundamentais para a vida cultural do indivíduo, uma vez que projetam e discutem valores e identidades, com os quais ele pode se identificar, basear percepções ou promover mudanças em seu contexto. É salutar mencionar neste ponto que uma nação se identifica pelas imagens que produz e consome.

A produção de filmes em países europeus, por exemplo, é reconhecida como patrimônio e interesse públicos. O Estado age em defesa do direito à cultura com a implementação de políticas de apoio à criação cultural. Quando há espaço para a diversidade, torna-se mais evidente o papel estratégico do cinema no desenvolvimento cultural e econômico.

O cinema não deve ser considerado apenas mercadoria – ele é arte também. Dessa maneira, deve haver equilíbrio entre essas duas perspectivas, sendo necessária a elaboração de políticas com foco em obras comerciais, mecanismos e estratégias na área cinematográfica.

3.1.1.2 Produções literárias, musicais e descentralizadas

Já na literatura, o texto de um autor, depois de selecionado e editado, é publicado e distribuído em livrarias e outros pontos. Conforme o sucesso de vendas, poderá ou não ser reimpresso e até receber tradução para outras línguas.

A produção musical, por sua vez, contempla artistas considerados estrelas, cujas superproduções atraem um público de milhares de pessoas dispostas a pagar por ingressos para acessá-las. Com o intuito de promover esses eventos e seus artistas, faz-se a preparação do álbum e grava-se um vídeo musical para circular pelas mídias, como televisão, rádio e internet.

A música popular é o maior exemplo a ser citado de indústria cultural e contempla "dois processos: padronização e pseudoindividualização" (Machado Neto, 2002, p. 31). As canções populares são parecidas umas com as outras e apresentam diferenças circunstanciais.

> A padronização fixa a maneira como a indústria cultural reprime qualquer tipo de desafio, originalidade, autenticidade ou proporciona o "refrão", isto é, a aparente inovação ou singularidade da canção para o consumidor. Uma produz canções populares semelhantes com melodias, versos e estribilhos mais permutáveis, enquanto a outra disfarça esse processo. (Strinati, citado por Machado Neto, 2002, p. 31)

O tipo de indústria voltado à música é extenso em virtude das múltiplas preferências dos ouvintes em termos de letra, ritmo etc. Há certas aderências por originalidade ou por popularidade momentânea, razão por que a música pode atrair uma pessoa ou um grupo.

Somam-se às práticas citadas as chamadas *produções culturais descentralizadas*. Souza (2017) menciona que, em certos bairros, é possível encontrar pequenas exposições de quadros em cafés, livrarias e saraus de poesia, bem como participar de comemorações locais com diversos grupos.

3.1.2 Mudanças na produção e no consumo cultural

Sobre a conjuntura cultural contemporânea, Vicário (2015, p. 58) explica:

neste tempo o "consumo" tornou-se cultura, encheu-se de uma série de valores sociais que vão construindo per se modos de vida, o que afeta especialmente o sistema produtivo. Os grandes espaços nos quais as ofertas são construídas estão muito atentos ao consumo dos cidadãos e mudam, reestruturam-se e modificam os seus hábitos e costumes, para captar a atenção de quem precisa conseguir a sua sustentabilidade.

Nessa direção, os sistemas produtivos, que condicionam os modelos de consumo, vêm suscitando rearranjos nas relações humanas cujas consequências futuras podem ser preocupantes. A tecnologia tem dado fim a suportes e técnicas, transformando, desse modo, as artes tradicionais. Exemplo disso são os fotógrafos: no passado, ofereciam seu serviço nas ruas e, até mesmo, revelavam imagens imediatamente; agora, com os progressos tecnológicos, tiveram de adaptar sua rotina de trabalho.

Benjamin (citado por Souza, 2017) afirma que as obras de arte sempre foram passíveis de imitação. A princípio, sua reprodução era feita em menor escala por talentosos copistas. Atualmente, em decorrência do surgimento de diversas técnicas e aparelhos, isso se tornou um fenômeno massivo. Esse processo tem alguns pontos positivos. Dois deles são a possibilidade de revelar detalhes da imagem original desconhecidos aos olhos humanos e o maior acesso do público a essas obras/conhecimento.

Essa questão assume outros contornos no âmbito cinematográfico:

> Diferentemente do que ocorre na literatura ou na pintura, a técnica de reprodução não representa, para o filme, uma simples condição exterior que permitirá sua difusão em massa; sua técnica de produção funda diretamente sua técnica de reprodução. Ela não permite apenas, de modo mais imediato, a difusão em massa do filme: exige-a. Os custos de produção são tão elevados que, se ainda é possível a um indivíduo, por exemplo, comprar um quadro, não lhe é possível comprar um filme. Cálculos revelaram que, em 1927, a amortização de um grande filme exigia sua apresentação a nove milhões de espectadores. (Benjamin, citado por Machado Neto, 2002, p. 29)

A cultura, assim, assimilou a lógica industrial da produção em série. Para discutir essa questão, em 1947, o conceito de indústria cultural (discutido brevemente no capítulo anterior) foi usado pela primeira vez. Com base nele, buscou-se compreender, analisar e criticar fenômenos, o esclarecimento como mistificação das massas. Por associar cultura e indústria, tal conceito demonstra como os bens culturais são pensados em termos de qualidade e padronização. São idealizados para seduzir e servir a muitas pessoas. Como exemplo, é possível citar um padrão em comédias românticas: a mocinha em conflito com os pais e em busca do homem ideal.

A indústria cultural, portanto, visa alcançar o maior número possível de sujeitos. Por isso, estabelece padrões para os produtos (certas regras para a publicação de livros, por exemplo – estilo de escrita, cores das capas, número de páginas etc.), repetidos exaustivamente. Não há como fugir dela. Até mesmo a música que toca nas rádios a constitui e foi composta conforme seus padrões – por exemplo, técnicas para "grudar" a melodia na cabeça do ouvinte mediante a repetição de alguns trechos, sons etc.

Souza (2017) acrescenta que essa indústria tem a própria ideologia, com a qual constrói, orienta e fortalece valores, de modo a criar a sensação de que as representações artísticas são uma continuação da vida cotidiana. Ela trabalha

> diretamente com os desejos, oferecendo ao espectador coisas que não podem de fato ser alcançadas por grande parte da população, como casas e carros de luxo. Enquanto as estrelas do cinema e da televisão ostentam esses bens tanto nos filmes como nas páginas das revistas de fofoca, o espectador sonha com um dia obter algo similar. Entretanto, em um sistema desigual como o capitalista, apenas um número extremamente reduzido de pessoas tem acesso a esses objetos. Movidos pelo desejo, os espectadores mantêm-se fiéis a representações que pouco se relacionam com suas realidades.
> (Souza, 2017, p. 93)

3.1.3 Propaganda e consumo cultural

Vimos anteriormente que muitas teorias redirecionaram o foco das análises feitas na indústria cultural para o público em geral, em razão das diferentes reações das pessoas a mensagens e propagandas. Assim, constatou-se que cada indivíduo tem preferências com relação à música, às artes visuais, aos programas de televisão etc., as quais estão atreladas à sua percepção das convenções culturais e dos hábitos coletivos.

Para Alves (2015), a propaganda não surgiu para fomentar o consumo de serviços/produtos apenas, e sim para informar a proposta deles, divulgar ao mercado seus atributos inovadores.

Por meio da exibição de propagandas, a televisão é um dos principais canais midiáticos para a divulgação de empresas e seus produtos, facilmente compelindo a massa de trabalhadores ao consumo. Sua relevância se deve também ao fato de ser, para muitos, a única fonte de informação, um veículo de fácil acesso e presente nos lares de diferentes classes sociais da população brasileira.

Souza (2017) explica que a cultura do consumo atribui um papel ativo às crianças e aos jovens. Para esse público específico há diversos meios publicitários, como a televisão a cabo, os programas infantis, os brinquedos e as roupas (geralmente relacionados a personagens daqueles programas). É preciso observar, nesse caso, o impacto das propagandas na formação das crianças, já que representam identidades culturais, assim como (re)produzem valores e saberes, responsáveis por regular condutas.

Exercício resolvido

A aquisição de um item geralmente ocorre por dois fatores: necessidade ou mero desejo. Na indústria cultural, contudo, esse processo de compra compreende uma mistura de gêneros, opções, grupos etc. referente a certas produções culturais.

Sobre a indústria cultural, considerando a discussão do capítulo, assinale a alternativa correta:

a) A indústria cultural reflete sua produção no artista, que é quem determina a quantidade de itens a ser fabricada. Trata-se de algo totalmente decidido por ele e sem influência do mercado.

b) A indústria cinematográfica não pode ser considerada cultural, dado que engloba diferentes gêneros e mobiliza vários especialistas para a produção dos filmes.

c) A indústria cinematográfica integra a produção cultural no que concerne aos filmes, mas seu foco recai apenas no público jovem que gosta de tramas de aventura.

d) A indústria cultural afeta as preferências culturais (livros, músicas, filmes etc.) dos sujeitos. A indústria cinematográfica, por exemplo, produz novos filmes com base em roteiros que foram sucesso de bilheteria em razão de o público ter se identificado com os atores e as experiências representadas em tela.

Gabarito: d

***Feedback* do exercício**: a produção na indústria cultural ocorre em conformidade com anseios e preferências de grupos específicos; por isso, a alternativa correta é a "d". Quanto às demais, a alternativa "a" está incorreta porque quem define a quantidade de itens a ser fabricada é o mercado e a aceitação dos consumidores; a alternativa "b" também está incorreta porque a indústria cinematográfica integra, sim, a cultura; e a alternativa "c" está equivocada pois a indústria cinematográfica volta-se para todos os gostos e gêneros, independentemente da faixa etária do público.

3.2 Sistemas de financiamento cultural

Como explicamos no capítulo anterior, o incentivo à cultura emergiu aliado ao reconhecimento do potencial que essa área representa para o setor econômico. Sobre esse assunto, Reis (2003, p. 14) comenta:

> quando observamos as diferentes fases históricas de grande fomento à produção artística, notamos que a arte parece ter cumprido, muitas vezes, um papel funcional, complementar ao de propiciar prazer estético. Ao longo dos séculos, ela foi o veículo de transmissão de mensagens a públicos específicos, reforçando valores junto à sociedade, veiculando novas ideias ou inculcando antigas. Ao lado do mecenato que apoiava a arte pela arte, surgia um outro, que tratava a arte com fins explícitos de comunicação de uma mensagem.

Segundo Brant (2001), tornou-se algo de incumbência do governo, que logo estruturou um sistema de estímulo ao investimento na área, com tais valores sendo deduzidos do Imposto de Renda (IR) dos envolvidos. Com isso, o setor cultural passou a ser mantido por fontes públicas (das esferas federal, estadual e municipal) e privadas (pessoas físicas, empresas, fundações e organizações sem fins lucrativos).

Conforme Reis (2003, p. 200),

> A partir de 1994 foi dado novo direcionamento ao setor cultural no país, envolvendo não somente a reconsideração da política cultural, as relações entre os setores público e privado e a revitalização das formas de financiamento à cultura, como também da própria estrutura administrativa que se firmou no país. Nesse período o Ministério da Cultura consolidou sua independência do Ministério da Educação, contemplando ainda quatro secretarias: do Livro e da Leitura; do Patrimônio, Museus e Artes Plásticas; da Música e Artes Cênicas e do Audiovisual.

Além disso, essa estrutura contou com outras instituições: a Fundação Nacional de Artes (Funarte), a Fundação Casa de Rui Barbosa (FCRB), a Fundação Cultural Palmares (FCP) e a Fundação Biblioteca

Nacional (FBN), que configuraram a primeira tentativa de fomento à produção cultural alicerçada em uma política cultural.

A contribuição do setor privado no desenvolvimento cultural do país também é notória, sobretudo diante dos cortes orçamentários imputados ao setor público pelo governo. Para que alcance resultados positivos, a política cultural cumprida por tal setor deve ser claramente definida.

Reis (2003) ressalta que esse envolvimento (por meio de patrocínio, por exemplo) de empresas em projetos culturais é, essencialmente, motivado por questões econômicas. Logo, o setor privado busca reconhecimento por isso, ao passo que o Estado preserva e desenvolve a cultura em razão de obrigações jurídicas e pode ou não ser reconhecido por tal conduta.

O papel da iniciativa privada, cujo público-alvo são os cidadãos, vai além de incentivar a produção cultural, estimulando a participação de grupos de seu interesse em contextos como a produção de um livro, uma pesquisa numa sociedade indígena em risco de extinção ou, até mesmo, a organização de um evento.

Portanto, como esclarecemos em capítulos anteriores, as empresas patrocinam eventos e manifestações culturais alinhados com seus valores, a fim de divulgar sua marca em determinado grupo ou mesmo intensificar seu diálogo com a sociedade.

Em contrapartida, o Estado

> decide patrocinar uma exposição em determinada cidade por inúmeros fatores, como forma de movimentar a economia e garantir o emprego de novos postos; de modo a oferecer atividades de lazer que atraiam novos habitantes para determinada cidade, redistribuindo a concentração populacional ou para democratizar o acesso da população a uma manifestação cultural antes restrita a poucos. (Reis, 2003, p. 181)

O Ministério da Cultura sempre enfatizou que, com suas ações, nunca visou apenas a criadores e produtores culturais, mas à sociedade brasileira como um todo. Assumindo caráter ativo, o Estado enfrenta o autoritarismo e luta para implementar políticas culturais democráticas, de modo que se tornem permanentes e fundadas na parceria entre estados, municípios e sociedade civil.

A seguir, o Quadro 3.1 sintetiza as ações e os objetivos desses dois setores no âmbito cultural.

Quadro 3.1 – Setor público × setor privado: participações complementares não substitutas

	SETOR PÚBLICO	SETOR PRIVADO
MOTIVAÇÃO	Social	Social ou pessoal (mecenato) ou comercial (patrocínio).
PÚBLICO-ALVO	População	Consumidores/clientes atuais ou potenciais, fornecedores, funcionários, governo, formadores de opinião, jornalistas, comunidade etc.
OBJETIVO	Os estabelecidos na política cultural: democratização, diversidade, promoção da identidade nacional etc.	Pessoais ou sociais (mecenato) ou estabelecidos na estratégia de comunicação: divulgação da marca, aprimoramento da imagem, *endomarketing*, promoção junto a segmentos etc.
FORMAS DE MENSURAÇÃO	Eliminação das desigualdades de acesso à cultura, distribuição descentralizada dos projetos e instituições culturais, estudo de imagem do país, aquecimento da economia local etc.	Cobertura da mídia, levantamentos de conhecimento de marca, estudo de imagem, predisposição à compra, aprovação de projetos etc.
ARTICULAÇÃO	Setores econômico, social, educacional, tecnológico, de relações exteriores etc.	Com a comunidade (mecenato) ou com a estratégia de comunicação da empresa (patrocínio).

Fonte: Reis, 2003, p. 182.

No Brasil, observa-se a participação direta do governo no financiamento da cultura. Em outros países, por outro lado, procura-se fomentar a participação privada como forma de operacionalizar a política pública.

A criação de importantes projetos para o desenvolvimento da produção cultural ou a manutenção do patrimônio cultural já existente, sem o apoio da iniciativa privada, levou o governo a criar fundos públicos de cultura – instituídos por leis federais, estaduais e municipais. Esses e outros subsídios públicos são destinados a instituições como teatros, museus, orquestras, oficinas e centros culturais, custeando também seus eventos, que são abertos à sociedade a preços simbólicos.

A escassez ou a não aplicação de recursos financeiros inviabiliza a concretização dessas políticas e, por consequência, o desenvolvimento cultural. Assim, ampliar o financiamento é algo imprescindível para a superação dessas adversidades.

A busca por instrumentos alternativos de financiamento cultural vem ocorrendo em vários países. Sobre a questão, um estudo comparou as diferentes formas de obtenção de novos recursos para o setor cultural (Reis, 2003). Seus critérios de avaliação foram o impacto econômico, a capacidade de o financiamento gerar fundos adicionais, os efeitos na distribuição de renda, bem como a aceitação com relação ao clima político, às barreiras culturais e ao prestígio social. Com isso, foi possível notar que o financiamento cultural está nas mãos do governo e o patrocínio e as doações são mais eficazes quando combinados com modalidades indiretas de financiamento.

Há diversos fatores que são levados em consideração na decisão de financiar projetos culturais, conforme Reis (2003):

- clareza e complexidade da política cultural;
- grau de desenvolvimento do mercado cultural, como meios de distribuição e levantamento da produção cultural;
- conscientização popular do direito à cultura;
- formas de facilitação da atuação da iniciativa privada como complemento do financiamento público, com leis menos complexas e mais eficazes;
- definição de gargalos entre produção, distribuição e mercados culturais.

> **Exercício resolvido**
> O acesso à cultura depende de recursos, os quais provêm, majoritariamente, do setor público (que se orienta por leis específicas) e, muitas vezes, da iniciativa privada.
> Sobre essa questão, assinale a alternativa que exemplifica como o governo contribui no financiamento à cultura:
> a) Uma exposição no museu de determinada região conta com investimento cultural e, concluído o evento, manutenção do local (por parte do governo).
> b) Um leilão para uma casa de repouso conta com a participação de músicos famosos, que dão lances na compra de obras de arte.
> c) Instalação de uma praça, por meio da aplicação de recursos da prefeitura, para atividades esportivas em um bairro cujos moradores dispõem de menor renda, isso sem que tenha sido definido o projeto a ser desenvolvido com a comunidade.
> d) Projeção de um espaço para eventos culturais e, concluída uma apresentação musical, por exemplo, a empresa patrocinadora não acompanha os próximos eventos.
> **Gabarito**: a
> ***Feedback*** **do exercício**: a alternativa "a" está correta porque, de fato, o governo é responsável pelo que ocorre no local e, também, por sua manutenção/conservação. As demais alternativas estão incorretas pelas seguintes razões: a "b" porque a participação de artistas em leilões não configura benefício cultural para a sociedade, por isso não recebe incentivo do governo; a "c" porque se trata de um projeto social da área de esportes, e não da cultura; e a "d" porque, embora cite um projeto cultural, sem o acompanhamento da empresa patrocinadora, ela não poderá beneficiar-se do auxílio fiscal nos próximos eventos.

3.3 Leis de incentivo cultural

A Lei n. 8.313, de 23 de dezembro de 1991 (Brasil, 1991), é um instrumento normativo referente ao incentivo à cultura e um dos pilares do Programa Nacional de Apoio à Cultura (Pronac), devidamente orientado pela Secretaria Especial da Cultura do Ministério da Cidadania, que estimula artistas a planejar eventos culturais (Brasil, 2021).

> **Perguntas & respostas**
> **O que é e para que serve a Lei Rouanet?**
> Trata-se da Lei de Incentivo à Cultura (Lei n. 8.313/1991), que levou esse nome por causa do secretário da cultural da época, Sergio Paulo Rouanet. Conforme essa lei, pessoas físicas ou jurídicas podem usar uma parte do Imposto de Renda (IR) devido para o financiamento de obras artísticas. Essa é uma medida de grande importância, tendo em vista que a cultura é um grande gerador de empregos, renda e conhecimento.

Sobre as leis de incentivo fiscal,

> Via de regra [...] abrangem três tipos de incentivos: doação (que proíbe a divulgação comercial do incentivo), patrocínio (que prevê a exploração comercial do incentivo) e investimento (através do qual o incentivador participa dos lucros obtidos com a realização do projeto cultural) e os recursos podem ser revertidos a projetos específicos, normalmente pré-aprovados pelo poder público ou ao próprio fundo de cultura administrado pelo governo. (Reis, 2003, p. 185)

A legislação de 1991, proposta com a intenção de envolver o empresário brasileiro na promoção das artes e da cultura, para Brant (2001), é sofisticada no aspecto contábil, mas precária nos mecanismos de controle e aplicação do incentivo fiscal.

Já em 1993, a Lei n. 8.685, de 20 de julho de 1993 (Brasil, 1993), chamada de *Lei do Audiovisual*, surgiu para atender aos interesses dos empresários e dos cineastas brasileiros e colocava o patrocinador na posição de sócio do projeto, com a possibilidade de ter participação nos lucros com cotas proporcionais à sua participação. Porém, após 2003, a lei passou por algumas modificações.

O beneficiamento das leis de incentivo à cultura na prática é para poucos, isto é, acaba-se privilegiando aqueles que não necessitariam tanto desse suporte, em detrimento de produções voltadas para o interesse do conjunto da população, com vistas ao desenvolvimento social e ao acesso à formação cultural das populações que não têm acesso à cultura.

Caso o incentivo seja aprovado, o produtor pode, no caso citado, captar recursos de apoiadores (pessoas físicas ou jurídicas) e abater no IR, o que configura ganhos para ambas as partes.

O governo dispõe, como incentivo ou como forma de restringir o consumo de produtos e serviços culturais específicos, dos mecanismos de isenção e discriminação de tributos. Assim, a importação de produtos culturais como vídeos, CDs e DVDs é sujeita à incidência de impostos, enquanto livros e revistas são isentos.

A Lei n. 8.313/1991 instituiu o Pronac com a finalidade de captar e direcionar recursos para o setor artístico de forma a:

> Art. 1º [...]
> I – contribuir para facilitar, a todos, os meios para o livre acesso às fontes da cultura e o pleno exercício dos direitos culturais;
> II – promover e estimular a regionalização da produção cultural e artística brasileira, com valorização de recursos humanos e conteúdos locais;
> III – apoiar, valorizar e difundir o conjunto das manifestações culturais e seus respectivos criadores;
> IV – proteger as expressões culturais dos grupos formadores da sociedade brasileira e responsáveis pelo pluralismo da cultura nacional;
> V – salvaguardar a sobrevivência e o florescimento dos modos de criar, fazer e viver da sociedade brasileira;
> VI – preservar os bens materiais e imateriais do patrimônio cultural e histórico brasileiro;
> VII – desenvolver a consciência internacional e o respeito aos valores culturais de outros povos ou nações;
> VIII – estimular a produção e difusão de bens culturais de valor universal, formadores e informadores de conhecimento, cultura e memória;
> IX – priorizar o produto cultural originário do País. (Brasil, 1991)

O Pronac foi implementado como um incentivo concedido aos projetos culturais que visem à exibição e circulação públicas dos bens culturais resultantes, vedado a circuitos privados. Seus objetivos são os seguintes, conforme Almeida (1993):

- **Incentivo à formação artística e cultural**: concessão de bolsas de estudos para autores e artistas, concessão de prêmio a criadores, autores, artistas e técnicos e instalação e manutenção de cursos culturais destinados à formação e ao aperfeiçoamento na área.
- **Fomento à produção cultural e artística**: produção de discos, vídeos, filmes, entre outros, edição de obras, realização de exposições, festivais de arte, espetáculos de artes cênicas, de música e de folclore.
- **Preservação e difusão do patrimônio artístico, cultural e histórico**: construção, formação, organização, manutenção, ampliação e equipamento de organizações culturais, conservação e restauração de prédios, monumentos, logradouros e demais tombados pelo Poder Público, restauração de obras de arte e imóveis com valor cultural, proteção do folclore, do artesanato e de tradições populares.
- **Estímulo ao conhecimento dos bens e valores culturais**: distribuição gratuita de ingressos para eventos culturais, levantamentos, estudos e pesquisas na área da cultura e da arte, fornecimento de recursos para fundações culturais.
- **Apoio a outras atividades culturais e artísticas**: realização de missões culturais no país e no exterior e contratação de serviços para elaboração de projetos culturais.

> **Para saber mais**
>
> Assista ao vídeo a seguir, que aborda a aprovação, a captação e a movimentação de recursos do Pronac. Na descrição também constam *links* das leis para uso no processo desejado.
>
> REIS, A. D. dos. **Aprovação, captação e movimentação dos recursos (Pronac)**. 24 jun. 2020. 6 min. Disponível em: <https://www.youtube.com/watch?v=1Yb42BPpy78>. Acesso em: 23 ago. 2021.

O projeto de participação deve ser inserido no sistema de apoio de forma eletrônica, e o Ministério da Cidadania realiza a análise da proposta de acordo com os critérios da Lei n. 8.313/1991. O projeto é encaminhado para a análise técnica da área cultural, e a Comissão Nacional de Incentivo à Cultura (Cnic) homologa sua execução.

Após a solicitação de execução, o ministro da Cidadania aprova ou rejeita o projeto. Aprovado, o proponente deve encontrar a empresa que esteja interessada em apoiar a ideia, para posteriormente realizar o projeto, entrando em contato com todos os participantes (fornecedores, artistas e prestadores de serviços). No término do processo, o detentor do projeto deve prestar contas de tudo o que foi realizado, esclarecendo como os recursos foram aplicados e quais resultados foram obtidos.

Depois de liberados os recursos e de realizada a prestação de contas, há uma análise para confirmar se a finalidade do projeto foi alcançada. Existe um acompanhamento frequente do andamento mediante a consulta a extratos bancários, panfletos e materiais divulgados em canais de comunicação, com vistas à comprovação da proposta.

Os Fundos de Investimento Cultural e Artístico (Ficart) contemplam os projetos participantes que envolvam a produção comercial de instrumentos musicais, espetáculos teatrais, de dança, de música, de canto, de circo, a edição comercial de obras relativas às ciências, às letras e às artes, bem como a construção, a restauração ou o equipamento de salas e outros ambientes destinados a atividades com objetivos culturais, conforme Almeida (1993).

Como incentivo a projetos culturais, pessoas físicas ou jurídicas têm a opção de aplicar parcelas do IR, como doação ou patrocínio, tanto para apoiar diretamente projetos culturais como para contribuir com o Fundo Nacional da cultura (FNC).

> Art. 25. Os projetos a serem apresentados por pessoas físicas ou pessoas jurídicas, de natureza cultural para fins de incentivo, objetivarão desenvolver as formas de expressão, os modos de criar e fazer, os processos de preservação e proteção do patrimônio cultural brasileiro, e os estudos e métodos de interpretação da realidade cultural, bem como contribuir para propiciar meios, à população em

geral, que permitam o conhecimento dos bens e valores artísticos e culturais, compreendendo, entre outros, os seguintes segmentos:

I – teatro, dança, circo, ópera, mímica e congêneres;

II – produção cinematográfica, videográfica, fotográfica, discográfica e congêneres;

III – literatura, inclusive obras de referência;

IV – música;

V – artes plásticas, artes gráficas, gravuras, cartazes, filatelia e outras congêneres;

VI – folclore e artesanato;

VII – patrimônio cultural, inclusive histórico, arquitetônico, arqueológico, bibliotecas, museus, arquivos e demais acervos;

VIII – humanidade; e

IX – rádio e televisão, educativas e culturais de caráter não comercial. (Brasil, 1991)

Trata-se de projetos com a finalidade de garantir a participação comunitária, por meio dos quais o governo estimula, com a participação dos conselhos municipais, estaduais e federais, a valorização da arte e da cultura, com a atuação de profissionais da área.

3.4 Políticas culturais

De acordo com Coelho (1997, p. 292), a política cultural

> é entendida habitualmente como programa de intervenções realizadas pelo Estado, instituições civis, entidades privadas ou grupos comunitários com o objetivo de satisfazer as necessidades culturais da população e promover o desenvolvimento de suas representações simbólicas. Sob este entendimento imediato, a política cultural apresenta-se assim como o conjunto de iniciativas, tomadas por esses agentes, visando promover a produção, a distribuição e o uso da cultura, a preservação e divulgação do patrimônio histórico e o ordenamento do aparelho burocrático por elas responsável.

Nesse contexto, o Estado tem a capacidade única de unir políticas a diretrizes preexistentes, conectando os âmbitos social, econômico etc. e podendo atuar como planejador, produtor e avaliador delas. Essa intervenção cultural, ainda segundo o autor (que propôs uma ciência das estruturas culturais), assume a forma de normas jurídicas ou procedimentos materializados por diversos agentes.

Na implementação dessas políticas, é fundamental ter em vista os objetivos prefixados para elas. De nada adianta obter resultados positivos de ações de fomento cultural se não forem atingidas as metas propostas por tais políticas. Além disso, na tentativa de assegurar a diversidade cultural, a política de financiamento deve ser submetida ao que determina a política nacional de cultura, devendo apresentar as seguintes características, de acordo com Rubim (2015):

- papel ativo e poder de decisão do Estado com relação às verbas públicas;
- mecanismos simplificados para o acesso aos recursos;
- democracia para a deliberação acerca dos financiamentos;
- distribuição justa dos recursos, tendo em conta as regiões, os segmentos sociais e a diversificação da área cultural;
- modalidades diferenciadas de financiamento, com tipos distintos de articulação de manifestação cultural.

Nessa direção, o Estado age

> direta e indiretamente. Ao atuar forma direta, faz as vezes de um agente cultural, realizando os projetos que lhe parecem fundamentais. Para isso, ele garante os instrumentos da política cultural através das instituições culturais de caráter público e dos órgãos da administração direta (secretarias municipais e estaduais da cultura, ministério da cultura, conselhos de arte, comitês julgadores dos projetos etc.).
> (Reis, 2003, p. 11)

3.4.1 Trajetória das políticas culturais no Brasil

Ao discutir o tema *políticas públicas*, é fundamental compreender antes as diferentes maneiras com que essas iniciativas foram propostas em diversos contextos sociais.

Especificamente no cenário nacional, essas políticas, para Rubim (2015), estiveram ausentes ou mostraram-se autoritárias ou instáveis, criando desafios para a promoção da cultura no país.

De 1930 até 2003, por exemplo, a gestão de Gilberto Gil (então ministro da Cultura de 2003 a 2008) ora enfatizou o papel ativo do Estado, ora criticou seu absentismo. Essa ausência, na verdade, compreendeu o período de 1500 a 1930, quando as iniciativas culturais dos governantes ainda não configuravam políticas de fato.

Quem estabeleceu os pilares para a emergência das políticas culturais no Brasil foi o Ministro da Educação e da Saúde Gustavo Capanema, responsável por esses setores durante o primeiro governo de Getúlio Vargas e aquele que acolheu diversos intelectuais e artistas progressistas. A política cultural oficial implantada na época "valorizava o nacionalismo, a brasilidade, a harmonia entre as classes sociais, o trabalho e o caráter mestiço do povo brasileiro" (Rubim, 2015, p. 16).

Quanto ao autoritarismo desses instrumentos, não se restringiu aos anos de regime ditatorial. Isso diz respeito, na realidade, à consolidação de estruturas socioculturais desiguais e excludentes. Assim, culturas populares, indígenas e afro-brasileiras foram esquecidas por essas políticas culturais, dado que eram consideradas manifestações indignas de serem tratadas como cultura.

3.4.2 Tipos e fundamentos das políticas culturais

A gestão pública deve guiar-se pelo lema "levar a cultura ao povo", e as políticas culturais devem responder às demandas sociais e apoiar-se em quatro paradigmas (Coelho, 1997):

1. **Bem-estar social**: sem uma política cultural adequada, é necessário corrigir a dinâmica social, já que as práticas culturais integram o ser humano.

2. **Intervencionismo**: essa prática justifica a política no sentido de orientar a dinâmica social em sua identidade étnica, sexual, religiosa, nacional etc.
3. **Legitimação**: a política funda-se em um enquadramento ideológico, indispensável para a consecução de objetivos.
4. **Prática comunicacional**: é necessário haver diálogo entre o Estado (ou a instituição formuladora da política) e os cidadãos.

Considerando-se o exposto e o processo de globalização, é pertinente destacar a urgência de que o Estado ocupe seu espaço no setor cultural e que seja assegurada ao maior número de pessoas a participação no processo citado.

De acordo com sua perspectiva ideológica, as políticas culturais podem se inserir em um dos grupos a seguir (Coelho, 1997):

- **Dirigismo cultural**: exercem poder de modo incontestado.
- **Liberalismo cultural**: apoiam indivíduos e empresas culturais.
- **Democratização cultural**: concebem a cultura como força social de interesse coletivo.

Coelho (1997) explica que as políticas culturais assumem duas perspectivas com relação aos produtos/manifestações que promovem: 1) **patrimonialista**, preconizando a preservação das tradições culturais (obras e valores) ligadas às origens do país ou que foram populares no passado; e 2) **criacionista**, priorizando a produção, a distribuição e o uso/consumo de novos valores e obras culturais. Apresentadas em diversas versões, as políticas culturais, via de regra, devem ter como norte o nacionalismo, o pluralismo e a globalização.

> O que é
> O **criacionismo** refere-se à maneira pela qual, tradicionalmente, as religiões explicam a origem do mundo e do homem. Isso suscita um amplo debate, no qual filosofia, religião e ciência entram em cena com diferentes concepções sobre, por exemplo, o motivo de nossa existência ou a razão pela qual temos características que nos diferenciam fundamentalmente do restante dos animais.

Ainda em consonância com Coelho (1997), as políticas também podem ser categorizadas em função do contexto a que se destinam:

- **Mercado cultural**: apoiam os setores de produção, distribuição e consumo da cultura.
- **Cultura alheia ao mercado cultural**: contemplam modos culturais que não constituem o circuito do mercado cultural, como é o caso de grupos folclóricos – devidamente tratados por programas de defesa e conservação do patrimônio histórico.
- **Usos da cultura**: criam condições para que as pessoas desfrutem da cultura, como cursos, seminários, conferências, debates e ateliês.
- **Instâncias institucionais de organização dos circuitos culturais**: procedem à organização administrativa, estruturando o funcionamento de órgãos públicos, como secretarias e departamentos de cultura, museus, centros de cultura e instituições de pesquisa.

Essas políticas podem ser aplicadas de maneira individual ou conjunta e exibir características específicas a depender do uso que o Estado lhes der.

A expressão *política de eventos*, bastante criticada por ser considerada imediatista e oportunista, designa um conjunto de programas isolados, como *shows* musicais, apresentações teatrais e exibições em cinemas.

A dinâmica cultural vem se modificando cada vez mais, com a profusão de grandes feiras comerciais, encontros esportivos, conferências internacionais e grandes festivais de cinema e teatro.

A participação da população em eventos faz com que haja um redirecionamento das políticas públicas, como eventos de instituições culturais realizados pelo Circuito e Centro Cultural do Banco do Brasil, pelo Itaú Cultural, entre outros que visam transmitir a arte para a sociedade.

A política cultural não tem como objetivo principal a renúncia fiscal. É fundamental que a atuação do agente cultural acredite na arte e na cultura como um instrumento que possa interferir de forma positiva na vida das pessoas.

Para a **análise do projeto cultural**, faz-se uso de políticas culturais. Para Brant (2001), os **critérios** são:

- **Conceito**: originalidade, qualificação, capacidade de provocar desenvolvimento da sensibilidade e consciência ética e social.
- **Pesquisa**: referência do produto cultural ao conhecimento existente e capacidade de criação do novo.
- **Custo**: relação entre custo e benefício.
- **Autoria**: criação do próprio autor.
- **Repertório**: provoque desenvolvimento cultural.
- **Formação de público**: processo de envolvimento e crescimento do interesse pela cultura.
- **Benefício social**: capacidade do empreendedor em retribuir o benefício fiscal.
- **Acesso**: disponibilidade do bem cultural a diversas pessoas.
- **Profissionalização**: projeto que possibilite o desenvolvimento profissional e a formação.
- **Democratização**: reprodução e divulgação por diversos meios não atingidos diretamente pela produção cultural.

Em políticas como a do FNC, é preciso investir esses recursos com destino assertivo para que o financiamento de projetos de interesse privado e de interesse público incentivem a produção cultural para o progresso da cidadania.

> A importância de uma política cultural claramente definida é reconhecida quando se considera a cultura como um dos pilares de desenvolvimento da sociedade, promovendo a identidade de um povo, incentivando sua criação e participação, oferecendo um cimento único e multifacetado, onde o respeito à diversidade é pressuposto básico de existência. A necessidade de uma política cultural repousa no fato de que a produção da cultura, nos seus diferentes aspectos, não será garantida se deixada solta às forças do mercado (tendo sua diversidade prejudicada), assim como sua distribuição e consumo não ocorrerão da forma socialmente mais desejável (ou seja, será não democrática). (Reis, 2003, p. 168)

A política cultural já nasce vinculada a outras duas políticas, que são a econômica e a social/educacional, tendo como objetivo preservar a identidade de um povo, fornecer o acesso à cultura e respeitar a diversidade cultural.

Diversos países adotam uma política cultural que assegure que sua própria cultura não se transforme em uma única cultura global e defendem suas manifestações culturais. A defesa dessa cultura nacional surge para garantir um mundo integrado culturalmente.

Como a democracia tem como finalidade a garantia do acesso à cultura e do direito à igualdade, com relação à cultura, à educação ou ao trabalho, essa é a base do primeiro propósito da política cultural.

No período pós-guerra, surgiram as Casas da Cultura, espalhadas por todo o país, com barreiras sendo rompidas e com algumas iniciativas para proporcionar acesso para todos, como transporte para crianças para assistir a concertos. Trata-se da democracia cultural, fundamentada na ideia de que culturas diversas devem ser tratadas como iguais em nossa sociedade.

> Nas artes, compreenderia os estilos tradicionalmente consagrados: música, artes plásticas, dança e teatro com peças clássicas, via de regra de origem europeia, apresentadas e representadas em instituições culturais de solidez e renome, nas quais novas obras dificilmente obtinham espaço. Uma segunda linha vê sua justificativa na apresentação de novas formas de comunicação e na exposição a novos estilos de vida, valores e expressões, que tomaram corpo e ímpeto renovados após a segunda revolução industrial. Com isso, não somente as condições sociais e de produção foram transformadas, como também exportadas a novos continentes. (Reis, 2003, p. 175)

> **Exemplo prático**
> Há um certo preconceito por parte da sociedade com relação à diversidade. Algumas pessoas são bilíngues em duas culturas, tanto naquela com que se deparam em outro país como em nosso carnaval; porém, essa mesma pessoa que sabe acessar os dois tipos de cultura quer condenar as classes populares que querem uma única cultura, como no caso do universo sertanejo.
>
> A diversidade cultural implica respeito, integração e tolerância entre grupos sociais, e quem promove essa formação é a política cultural, que estimula a riqueza da diversidade de suas produções e o livre acesso à população. Assim, podemos afirmar que "a política cultural deveria estimular as pessoas não a adquirir o gosto por um tipo de arte, mas sim a oferecer-lhes a oportunidade de experienciar diversas formas de manifestações artísticas" (Reis, 2003, p. 177).

A política cultural só é considerada completa, com relação ao seu cumprimento e à sua determinação, caso o governo descubra formas de medir seus efeitos, ajustando suas ações conforme o resultado obtido, como um monitoramento constante. Com o foco na diversidade, não podemos deixar de lado a democracia de acesso.

Existem direitos culturais diferenciados, contudo, de acordo com Loewe (2011), é central que o indivíduo possa dispor de oportunidades para formar, revisar e perseguir uma concepção de vida que se considera valiosa.

Como alerta Loewe (2011, p. 51), "A aspiração igualitária nos leva a propor que cada indivíduo tenha acesso a esses bens básicos independentemente da loteria natural". Para tanto, as políticas públicas devem buscar a igualdade de oportunidades.

O autor acrescenta que o acesso à própria cultura deve ser tratado como algo que se possa esperar que as pessoas queiram. O liberalismo igualitário se expressa como o interesse superior de poder constituir, revisar e perseguir uma concepção de bem, que garanta a justiça e os direitos culturais.

Cada indivíduo deve viver sua cultura, poder passá-la aos seus filhos, bem como desafiá-la ou mudá-la. A cultura é central na vida de cada um.

os outros atribuem um papel fundamental na formação da nossa identidade. Nós dependemos dos outros na formação da mesma. A identidade não é efetiva quando o indivíduo simplesmente faz uma imagem de si mesmo. A identidade é efetiva quando os outros fazem uma imagem dele na qual ele mesmo se reconhece. A identidade é um processo aberto de negociação entre autoimagem e a imagem que os nossos parceiros (partners) fazem de nós mesmos, em diferentes contextos da interação social. (Loewe, 2011, p. 98)

Uma pessoa ou grupo pode sofrer um dano real se as pessoas ou a sociedade à sua volta refletem uma imagem que menospreze esses sujeitos. Trata-se de um processo de preferências adaptativas, de adaptação das próprias expectativas. Esses problemas têm início porque a política do reconhecimento não quer apenas fundar uma teoria explicativa.

> nossa vida, assim como nossa própria existência, não pode ser concebida como um capital a ser gerenciado – nem há como concebê-las como o conjunto de nossas amizades, afetos, engajamentos, crenças, instituições ou herança cultural. Não que esse conjunto de relações, crenças e pertencimentos não seja capaz de produzir algum efeito útil, ou até mesmo de se revelar rentável. Mas ele só pode caracterizar nossa existência porque não constitui um capital que deve ser administrado. Dito de outro modo, o conjunto das dimensões da existência social que as teorias do capital social tentam abranger sob essa apelação só pode produzir os efeitos econômicos (ou políticos) que tais dimensões atribuem o conceito de capital social quando elas mesmas não mais forem consideradas capital. (Marques; Matos, 2011, p. 24)

Com base nessa importância da relação da cultura para a existência social, a política cultural surge como forma de auxiliar a aproximação dos membros da sociedade entre si e, principalmente, do acesso à cultura.

No que diz respeito ao futuro, a política cultural pós-moderna tem a visão de que, na modernidade, a vida individual e coletiva era pensada a partir da ideia de um amanhã, que, assim que atingido, recompensaria o indivíduo, considerando-se o futuro como valor norteador.

O contexto de formulação e implementação das políticas culturais dificilmente será um instrumento de desenvolvimento dos indivíduos e das comunidades. Voltado para o futuro, como projeto, evolução e progresso, a busca pelo desenvolvimento cultural deixa de ser prioridade, de acordo com Coelho (1997).

Para Chaui (citada por Santi, 2017), a noção de cidadania cultural pode ser compreendida com base em quatro dimensões: como modo de vida, como memória ou patrimônio cultural, como direito à cultura no contexto de uma sociedade democrática e como trabalho da imaginação, da sensibilidade e da reflexão.

Throsby (citado por Santi, 2017) também destacava na definição de políticas culturais o trato com a arte e a preservação do patrimônio; já os bens e serviços disponíveis ao público, em consequência das ações do Estado, eram facilmente reconhecidos, como quadros, livros, concertos, entre outros, com valores justificáveis pelo apoio do Estado, com o objetivo de elevar o padrão do gosto do público e preservar a memória coletiva.

O autor acrescenta que há dois fatores que têm contribuído para as transformações nesse campo, sendo o primeiro a expansão do conceito corrente de cultura, tomando-se como referência ações concretas do Estado. É ainda uma experiência em andamento, na qual as políticas culturais, sem abandonar seus objetivos tradicionais passam a expandi-los com a junção ao turismo, à arquitetura, à moda, ao *design*, à gastronomia, ao comércio internacional e à diplomacia.

O governo federal tem incentivado a realização de megaeventos com fins culturais, havendo uma vinculação com a política cultural. Conforme Siqueira e Semensato (2013), preocupa a possibilidade de os megaeventos significarem grandezas nacionais, quando as políticas estratégicas são conduzidas pelo Estado.

A economia criativa está voltada a questões de políticas culturais no Brasil, podendo-se citar como exemplos de megaeventos as Olimpíadas, a Rio +20, a Copa do Mundo de Futebol, fenômeno que potencializa a imagem do país e proporciona mais competitividade no mercado.

As críticas se dão principalmente pela concentração dos benefícios, objeto de diversos julgamentos acerca da violação dos recursos para o projeto de megaeventos, vinculados à política econômica.

A cultura busca preservar a memória, com a construção, a preservação e a reconstrução quando necessário de bibliotecas, museus, teatros, monumentos, quadros e outros bens diversos mantendo a história a salvo, de acordo com Vicário (2015).

A perspectiva gerada adquire força com a emergência do conceito de economia criativa, ou indústria criativa. O segundo fator mencionado decorre das transformações radicais no espaço em que os bens culturais são produzidos, distribuídos e consumidos, processo que remete à globalização, definida por uma combinação de três fenômenos, que são a redução ou extinção de obstáculos ao trânsito de recursos entre países e regiões, a emergência de um mercado global, com crescimento de oportunidades em grandes empresas, e o incremento das comunicações.

> se uma política cultural pretende ultrapassar o mero gerenciamento eficiente de recursos e aspirar a algum tipo de transformação social, terá de levar em conta o aspecto econômico da cultura. Não, obviamente, em detrimento dos demais, priorizando certas atividades apenas porque geram emprego e renda, mas, sim, com a percepção de que toda ação pública tem potenciais consequências sobre um mercado – quase sempre frágil – e pode eventualmente favorecer a concentração e o monopólio em certos nichos. (Santi, 2017, p. 287)

Podemos citar como exemplo dessa concepção o oferecimento de atividades gratuitas pelo Poder Público com o objetivo de ampliar o acesso a essas práticas. No entanto, isso pode gerar uma concorrência desleal e dificultar a sustentabilidade dos pequenos empreendimentos. Logo, esse tipo de oferta deve ser acompanhado por medidas que levem em conta seu impacto na sociedade e no mercado.

Outra consequência da política cultural pós-moderna é a redução de cursos formadores de teatro, cinema, literatura e outros oferecidos de forma gratuita para a comunidade. Apesar da falta de recursos para a realização de projetos, essa possibilidade respondia positivamente ao campo e à política da cultura.

Quanto aos recursos financeiros, no momento o quadro é preocupante no Brasil. Em 2014, foi interrompido o crescimento, sustentado pelo porcentual orçamentário destinado à cultura pelo governo federal, de acordo com Santi (2017).

A crise de 2008 serviu de pretexto para reduzir gastos públicos e privados com a cultura em diversos países, porém já havia certa restrição em razão das exigências para a aprovação de projetos e a destinação de recursos públicos a instituições culturais, buscando-se justificar o aporte do Estado de acordo com resultados mais ou menos mensuráveis para a sociedade.

Apesar de ter havido resistência por parte do campo artístico contra a instrumentalização das artes em busca de resultados, também é possível visualizar mais que um indesejado tributo cobrado em troca de apoio estatal, enxergando-se aí uma oportunidade para demonstrar resultados à sociedade.

A sociedade muda, e as maneiras de se inserir e se relacionar nesse contexto também se transformam. "As políticas culturais devem enfrentar essa conjuntura sem abrir mão do passado, ou seja, conciliar as mutações com as estabilidades que nos ajudam a continuar confiantes" (Vicário, 2015, p. 53), procurando-se avançar nesse entendimento.

A cultura deve ter a política cultural como uma forma de intervir na construção do futuro e preservar o passado, com diferentes olhares e saberes, respeitando-se a forma de viver de cada um.

As políticas culturais do século XXI devem ser construídas com a visão do que se almeja para o futuro, para um momento que seja completamente diferente deste em que vivemos até hoje, ajudando a propor alternativas criativas e críticas.

> **Exercício resolvido**
> A política cultural surge como a normatização do incentivo do governo que possibilita a disponibilização do acesso aos projetos culturais pela sociedade, porém isso depende da visão de cada país. No Brasil, podemos considerar que sua política tem relação com a busca pela igualdade social.
> Qual das alternativas abaixo **não** se enquadra nas características da política cultural?
> a) Com relação à democracia no processo político cultural, anteriormente o acesso era restrito a poucos, de acordo com as determinações políticas.
> b) A diversidade política cultural é a aceitação de gostos e crenças, com respeito e tolerância, sendo a cultura de livre acesso a todos.
> c) O interesse público deve sempre considerar o lema de "regular o acesso à cultura para a sociedade". Em virtude da escassez de recursos, o Estado não regulamenta especificamente o acesso à cultura.
> d) A cultura possibilita o liberalismo igualitário, ou seja, a garantia do direito de todos os indivíduos à cultura, assegurando-se que todos possam viver sua cultura, conforme desejar, e até mesmo transmiti-la a outras gerações.
> **Gabarito**: c
> **Feedback do exercício**: a alternativa "c" não se enquadra nas definições sobre políticas culturais e contradiz a responsabilidade do Estado de proporcionar o acesso a toda a sociedade de projetos culturais. As demais alternativas são verdadeiras porque as políticas culturais surgem como processo de democracia, diversidade e liberalismo para toda a sociedade, sendo um direito do cidadão.

3.5 Investimentos privados em cultura

O Brasil mergulhou na globalização, e sua importância é a conquista de mercados e clientes, com a diversificação das marcas existentes, possibilitando o engajamento da economia.

Brant (2001) conta que as 225 maiores empresas do mundo, juntas, detêm 40% da economia mundial, o que nos mostra que há ainda necessidade de as marcas criarem vínculos e compromissos com a sociedade. É preciso que haja comunicação da empresa com os consumidores, de modo a entender as necessidades destes, mediante a implantação de estratégias regionais.

O investimento em cultura tem muito a oferecer para uma marca, porém isso não se efetiva por um projeto cultural qualquer. Deve haver um projeto comprometido com o desenvolvimento humano e social, com ações concretas que tenham como objetivo o crescimento social da comunidade em que se está inserido. Esse investimento também tem de gerar um retorno para a empresa patrocinadora.

O vínculo das empresas com a atividade cultural ainda é frágil. O setor de criação e desenvolvimento da empresa deve promover e divulgar o produto e a marca, fazendo com que o patrocinador perceba o potencial de marketing do investimento em cultura.

> Além de agregar valores institucionais à marca patrocinadora, o produto cultural tem condições de desencadear ações tendo em vista o público interno e as estratégias de relacionamento e fidelização da empresa ou da instituição com fornecedores, clientes e acionistas. Uma ação cultural patrocinada pode associar-se à criação de novos produtos e campanhas de oportunidade, sendo eficiente também para promoções de posicionamento de marca e de venda, utilizando o potencial de mobilização, por meio de uma atividade que lhe é simpática. Mas não é somente ao público-alvo direto da marca que o patrocínio à cultura deve servir. É também uma maneira positiva de demonstrar um trabalho socialmente responsável, estabelecendo vínculos duradouros com a comunidade atendida pelo produto cultural. Ou seja, pode e deve atuar fora do alcance direto do seu público-cliente. (Brant, 2001, p. 21)

Essa análise considera um possível caminho para o desenvolvimento de parcerias, com uma política cultural disponível para suprir as necessidades das empresas e, ao mesmo tempo, da sociedade.

A expansão do mercado competitivo envolve também a cultura, o que confere uma vantagem aos empreendimentos culturais, com a conscientização de que é necessário planejar ações, realizar parcerias e ser diferenciado no mercado.

Todas essas características não implicam perder a essência do produto cultural e o vínculo com seus clientes, devendo-se entender as necessidades do patrocinador de oferecer ferramentas de marketing e promoção que atendam aos objetivos em questão, tendo em vista sua comunicação, suas estratégias e seus concorrentes.

O patrocínio é considerado um meio para viabilizar ações culturais. Para Machado Neto (2002), é considerado um investimento, pois se trata de um apoio à comunidade, da melhora da imagem institucional, da promoção da cultura, da obtenção de benefícios comerciais, da contribuição à educação e da melhora do ambiente organizacional.

O interesse é geral, público e da empresa, que toma a decisão em investir em um projeto cultural como forma de proteção, amparo, auxílio ou até mesmo defesa de uma instituição, associação ou empreendimento cultural.

Reis (2003) considera que as doações são um investimento. Apesar de essa modalidade ser pouco utilizada pelas empresas, é tratada como um investimento no planejamento estratégico das empresas, pelo valor que foi gerado em comparação ao que custou.

Independentemente de qual seja a forma de implementação da estratégia de marketing cultural, a empresa precisa ter a visão de que se trata de um investimento, no qual o projeto deve atingir os objetivos planejados, bem como reforçar e fomentar os valores de cidadania. Nesse sentido, "o investimento em cultura passou a ser visto como resposta eficaz à crise econômica. Dando respaldo a essa postura, foram adotadas várias medidas legais, como a exclusão das obras de arte da cesta do imposto sobre as grandes fortunas, o desenvolvimento do incentivo cultural privado" (Reis, 2003, p. 73).

Para as empresas, os maiores benefícios decorrentes do investimento em patrocínio cultural são o ganho com a imagem da empresa, a agregação de valor à marca e o reforço do papel social da organização; em quarto lugar está o incentivo fiscal e, em seguida, a aproximação do público-alvo.

> **O que é**
> Agregar valor à marca significa ter um posicionamento forte da marca, que representa como a empresa quer que a marca seja reconhecida pelo clientes, ou seja, o objetivo principal é fortalecê-la, torná-la mais conhecida e desejada pelos consumidores. Diante da exigência que estes têm, isso se torna uma tarefa difícil, porém, quando a empresa começa a investir em alguns projetos culturais e sociais, sua marca passa a ter valor e reconhecimento.

Em pesquisas, foi apontado que as empresas que durante anos patrocinam atividades culturais podem cair no esquecimento do público no período de dois anos aproximadamente, se diminuem o apoio.

Quando o envolvimento cultural não é visto como uma estratégia de comunicação, ou seja, é visto como investimento, acaba sendo mantido pela empresa, pois é nos momentos de crise que o conhecimento da marca, o peso da imagem da empresa e a relação com a comunidade são mais evidentes.

Patel (2021) considera a possibilidade de investir em marketing cultural como estratégia, pelo motivo de oferecer vantagem competitiva, contribuir com a cultura local, proporcionar um diferencial para jovens, correlacionado à cultura e à inovação, e associar o fortalecimento da imagem à responsabilidade social.

A demonstração de preocupação social é a forma de dizer ao mercado que a marca se importa com a sociedade, sendo esse um dos objetivos que mais pesam na decisão do empresário de investir na área cultural, buscando-se gerar valor à marca e à vida de outras pessoas. Como afirma Patel (2021), "sua empresa ganha, o artista ganha, o produtor cultural ganha, os trabalhadores envolvidos ganham e a comunidade ganha".

O autor identifica os seguintes benefícios do uso do marketing cultural:

- agrega valor à marca;
- aproxima a empresa dos clientes e dos possíveis clientes;
- contribui com a cultura local;
- tem diferencial no mercado;

- fideliza clientes;
- humaniza o negócio;
- melhora a comunicação e a imagem institucional da empresa;
- promove a identificação do público com o conteúdo;
- constrói uma relação duradoura com os clientes;
- reforça o papel da empresa perante a sociedade;
- melhora o relacionamento entre a empresa e esferas do governo.

Assim, vale a pena investir em projetos culturais como forma de reduzir a desigualdade no acesso à cultura.

O investimento cultural contempla duas alternativas, especificadas por Brant (2001):

1. **Patrocínio de projetos propostos por terceiros**: propicia benefícios a mais do que os expostos na mídia, com o envolvimento de um produto cultural e a identificação de uma marca. Em alguns casos, o projeto de patrocínio proporciona a multiplicação dos resultados da empresa, e a identificação da marca com o artista possibilita maior interação com o público-alvo.

2. **Criação e gestão da própria marca cultural**: elaborar e executar os próprios projetos, mesclando-se dois procedimentos, implica investimento financeiro alto e exige planejamento de longo prazo. Trata-se de entidades sem fins lucrativos, vinculadas à empresa para gerenciar os projetos que levam sua marca, mediante ações que buscam o comprometimento do público interno e ações estratégicas que garantem o posicionamento da empresa com vistas ao desenvolvimento econômico e social brasileiro.

A seguir, no Quadro 3.2, listamos algumas empresas que investem em cultura, por meio de patrocínio cultural.

Quadro 3.2 – Empresas que investem em cultura

EMPRESA	PROJETOS
AMERICAN EXPRESS	Patrocínio de espetáculos musicais.
AVON	Patrocínio e promoção de espetáculo musical.
BANCO DO BRASIL	Tem o Centro Cultural Banco do Brasil em alguns estados do Brasil, realiza 16 eventos anuais com o Circuito Cultural e tem o projeto de preservação da memória nacional.
BM&F	Patrocínio de livros didáticos sobre o mercado financeiro.
BNDES	Projeto de música e literatura, com participação em feiras literárias e festivais de música.
CHEVRON	Incentivo a filmes, festivais folclóricos e palestras.
CIELO	Vários segmentos de projetos, que vão da gastronomia ao teatro.
COCA-COLA	Patrocínio de festivais e exposições realizadas no Brasil.
CORREIOS	Manutenção do Centro Cultural dos Correios, patrocínio e exposições de livros.
FABER-CASTELL	Participação em diversos projetos culturais, como exposições e biblioteca itinerante.
GERDAU	Participação em eventos de arte, feira de livros e orquestras.
ITAÚ	Manutenção do Instituto Itaú Cultural, com pesquisa e atividades de artes visuais, cênicas, musicais, digitais, entre outras iniciativas.
NESTLÉ	Eventos de transformação social.
PANCO	Projeto de incentivo à leitura.

(continua)

(Quadro 3.2 – conclusão)

EMPRESA	PROJETOS
USIMINAS	Ações em feiras de turismo, gestão de programas variados, manutenção do Centro Cultural Usiminas e do Teatro Zélia Olguin e promoção de diversos eventos.
VALE DO RIO DOCE	Apoio a projeto musical.
VISA	Prêmio de música.

As ações culturais ocorrem por diversos motivos, e as organizações ressaltam diferenças na escolha de projetos, que vão desde as financeiras até as concernentes à política cultural, que é um item de decisão na escolha.

A escolha pelo investimento cultural se dá pelo desafio de criar um planejamento de marketing cultural que contribua para a consolidação das estratégias de marketing da empresa, reforce seus diferenciais competitivos e fortaleça a relação com as comunidades.

O conceito qualidade está associado ao reconhecimento do público e dos meios de comunicação, sendo que a participação no projeto requer cuidado na montagem, na escolha dos profissionais, na efetividade da divulgação do projeto e na escolha do meio de comunicação com o público. "A doação pressupõe a transferência gratuita a entidades sem fins lucrativos, de numerário, bens ou serviços sem a utilização de publicidade paga para divulgar tal ação. Já o patrocínio prevê finalidades institucionais e publicitárias. Exatamente em função do tratamento diferenciado no benefício promocional do patrocinador" (Almeida, 1994, p. 55).

Dessa forma, as ações de pessoa física ou jurídica são distintas somente em relação à dedução de incentivos fiscais. Para pessoa jurídica, corresponde a 30% do valor; já para pessoa física, é 80% do valor do imposto devido.

O investimento possibilitou à empresa, de acordo com Brant (2001, p. 94), "associar sua marca aos reconhecidos trabalhos desses artistas, individualmente, onde quer que eles se apresentassem, a empresa inovou na forma com que até então vinha lidando com o patrocínio à cultura". Isso posteriormente fez com que o patrocínio servisse para simplesmente divulgar a marca e que os investimentos da empresa contribuíssem para a formação do público.

A evolução do comportamento empresarial no que tange ao investimento em cultura, após as leis de incentivo à cultura, foi influenciada pela política de parceria entre Estado, empresários e comunidade cultural, com a implementação realizada pelo governo, conforme Machado Neto (2002).

O investimento em cultura foi aumentando com o passar dos anos, atingindo taxas altas de crescimento, o que representava, em certo momento, que as empresas privadas passaram a investir mais do que as empresas públicas; porém, depois, com a introdução dos incentivos pelo governo, esse crescimento foi ainda maior.

O aumento do investimento em cultura proporcionou o crescimento de projetos culturais patrocinados por empresas privadas. Já as empresas públicas mantiveram a quantidade de projetos incentivados por ano.

> Investir em cultura é, portanto, uma forma de criar uma proteção invisível a favor da imagem das empresas. O apoio à cultura expressa muito bem a face que elas querem projetar de compromisso com a comunidade. Passa a imagem de agente econômico moderno, que está inserido na sociedade e considera os seus valores. A cultura, então, é uma excelente área para formar imagem. Oferece muitas possibilidades e pode atingir muitos segmentos do mercado consumidor. (Machado Neto, 2002, p. 213)

As leis possibilitam o engajamento mais ativo dessas empresas no fomento da cultura, gerando renda e empregos diretos e indiretos, o que reforça a compreensão de que o investimento privado não é um gasto, e sim um ganho com a qualidade de vida da população e o avanço no desenvolvimento.

Exercício resolvido

O mercado competitivo exige das empresas um novo posicionamento como estratégia para atingir seus propósitos. Busca-se agregar valor à marca e mostrar à sociedade que a organização investe em cultura para possibilitar o acesso da comunidade a esse bem e não só como meio de divulgação da empresa.

Assim, escolha a alternativa que descreve corretamente a importância em investir em cultura:

a) O investimento cultural tem como papel fundamental enriquecer a sociedade com arte, talvez não atingindo a todos os públicos de uma só vez, mas tendo em vista oferecer uma contribuição para a comunidade.

b) O investimento cultural possibilita a criação de uma nova área cultural que, ligada diretamente ao governo federal, dará uma contribuição permanente para o projeto, independentemente de sua aprovação.

c) A arte como investimento possibilita o acesso à cultura. Os indivíduos que se comprometam a adquirir produtos ou serviços da empresa patrocinadora, mesmo que não sejam produtos correlacionados à cultura, estarão ajudando a expandir a cultura no país.

d) O investimento em cultura se faz necessário para que a empresa aderente do projeto divulgue seu produto ou serviço, sem outras finalidades.

Gabarito: a

***Feedback* do exercício**: a alternativa "a" está correta porque o investimento em cultura tem de proporcionar conhecimento à sociedade. No caso da alternativa "b", é preciso observar que, para que um projeto cultural seja ligado ao governo, deve haver aprovação e é muito provável que essa contribuição não seja permanente. Quanto à alternativa "c", a empresa não deve exigir nada em troca ao incentivar um projeto, por isso a venda de produtos que não sejam culturais não contribui para o investimento na cultura. Por último, na "d", enxerga-se somente a cultura como divulgação e, como já explicado, trata-se de uma forma de fornecer algo à sociedade.

Síntese

- Produção e consumo são conceitos interligados, isto é, quanto mais necessidades temos, mais produção geramos e mais consumimos.
- A indústria cultural envolve produções cinematográficas, gravações de novas músicas e até mesmo a confecção de livros, de acordo com a busca dos consumidores por tais produtos.
- O financiamento cultural consiste na participação do Estado ou de uma empresa privada no patrocínio de alguma atividade cultural que beneficie um grupo de pessoas, com incentivo e até mesmo participação na produção cultural em determinado projeto.
- A captação de recursos para projetos culturais fez com que o governo estabelecesse suas leis de incentivo à cultura, como forma de determinar os produtos e serviços culturais à disposição da sociedade e o desenvolvimento de projeto culturais. O que mais auxiliou foi a especificação direcionada às empresas privadas, com a oportunidade de abater os gastos no Imposto de Renda (IR).
- As políticas culturais surgiram como forma de definir as diretrizes e a responsabilidade do governo com o fornecimento de recursos com vistas à realização de projetos culturais, de modo a ampliar o acesso à cultura.

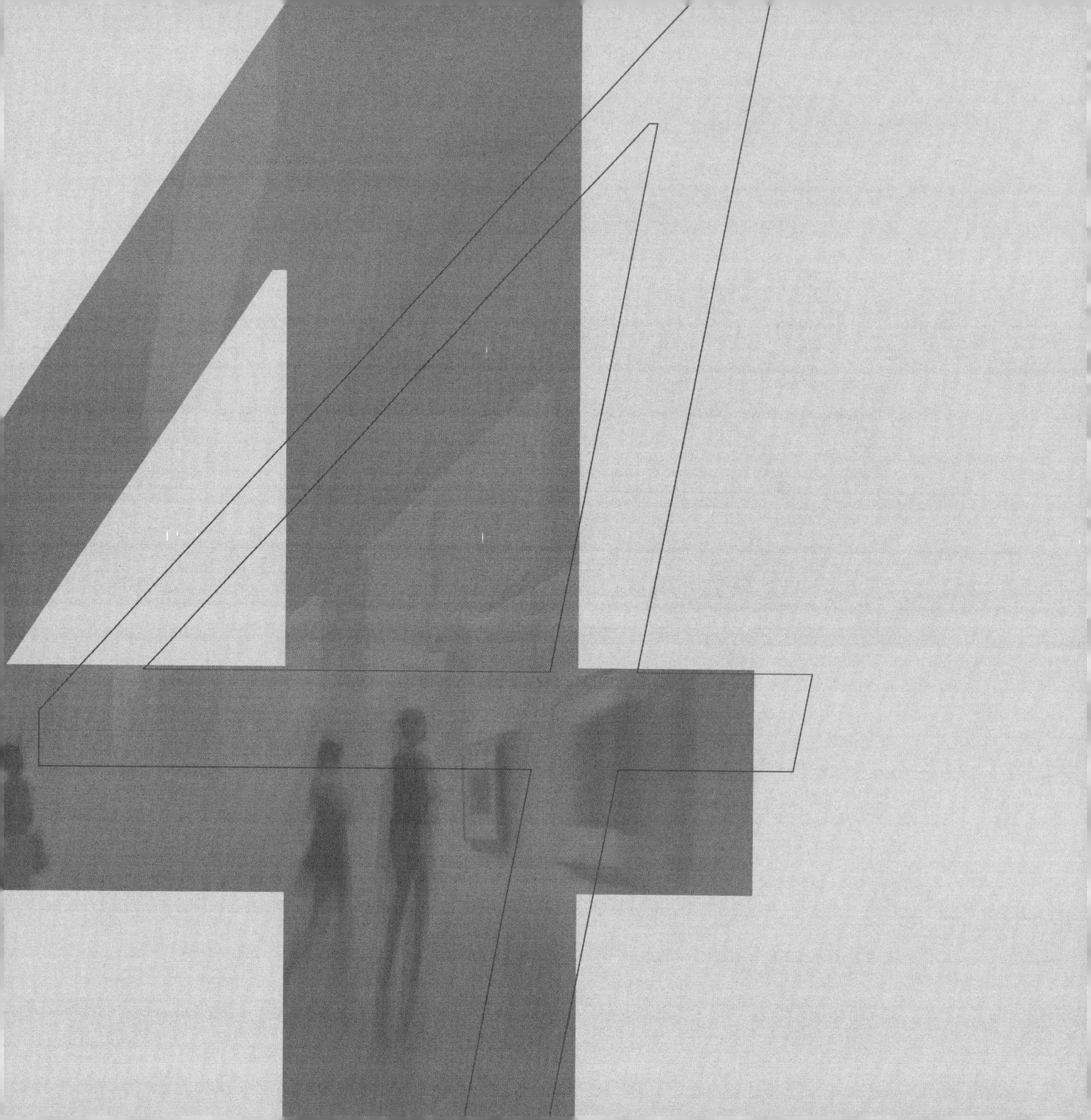

*Marketing
e responsabilidade
social*

Conteúdos do capítulo:

- Contribuição das empresas para a sociedade.
- Marketing cultural atrelado à responsabilidade social.
- Responsabilidade social e cultural e seus valores para as organizações.

Após o estudo deste capítulo, você será capaz de:

1. apresentar as definições de *responsabilidade social*;
2. discorrer sobre a responsabilidade social das empresas e seus projetos desenvolvidos com a sociedade;
3. apontar a relação entre marketing cultural e responsabilidade social.

Tratar de responsabilidade social evoca questões complexas acerca do envolvimento das organizações nesse processo de auxiliar a comunidade ao redor. Diante disso, o marketing cultural apresenta-se como um fator fundamental que permite desenvolver projetos benéficos aos cidadãos e, em troca, oferece às empresas diversos incentivos, como o alcance de um público-alvo maior em razão da valorização de sua marca e de seu produto.

A relação entre marketing cultural e responsabilidade social é, assim, notável. A princípio, basta identificarmos a principal característica que compartilham: a conexão entre empresa e comunidade, cujas necessidades, como afirmamos, a organização busca suprir. Abordaremos essa e outras questões no decorrer deste capítulo.

4.1 Marketing social e responsabilidade social corporativa

A responsabilidade social está vinculada às mudanças que vêm acontecendo mundialmente, sobretudo com a participação de empresas, e possibilitam a interação entre instituições, cidadãos e representantes. É fundamental enfatizar que a atuação dessas empresas no mercado acarreta impactos tanto negativos como positivos, até mesmo pela multiplicação de firmas para atender às demandas da população.

O conceito de **cidadania corporativa** implica conceber a organização como agente decisivo para a sociedade. Os acontecimentos a ela relacionados, como escândalos financeiros, "acidentes ambientais, o envolvimento com a corrupção de funcionários públicos, as ações que alimentam a guerra em diversos países, a sustentação de ditadores, a exploração do trabalho humano" (Dias, 2012, p. 2), definem e expandem determinada cultura empresarial (responsável ou não).

Por sua vez, Perseguini (2015) conceitua **responsabilidade social** como um conjunto de ideias e práticas que fazem parte da estratégia da empresa e visam trazer benefícios para todos os envolvidos. Esse processo se resume em três momentos: 1) atribuição da responsabilidade econômica; 2) ação filantrópica com foco em grupos desfavorecidos; e 3) integração dessa conduta à estratégia da empresa por meio de projetos.

Segundo Maranhão e Motta (2008), a mescla entre essas duas propostas, a **responsabilidade social corporativa** (RSC), surgiu para assegurar o bem-estar dos funcionários e da comunidade. Posteriormente, desdobrou-se em campanhas como o Natal Sem Fome e a criação do Instituto Ethos em 1998.

> Perguntas & respostas
> **Qual é o papel do Instituto Ethos?**
> Essa instituição foi fundada com o reconhecimento, por parte de empresários brasileiros, da relevância de se adotar uma visão social e, por meio disso, conquistar longevidade para as organizações. O Instituto Ethos coleta e compartilha informações entre os empresários participantes e, com base nelas, desenvolve ferramentas para auxiliar na gestão, aprofundando o compromisso da empresa com a responsabilidade social e o desenvolvimento sustentável.

Essa responsabilidade ganhou impulso com as discussões sobre o processo de globalização, sobretudo as empreendidas pela Organização da Nações Unidas (ONU), que desafiou empresários a criar condições sociais e ambientes favoráveis ao desenvolvimento da nova economia global, por meio da adoção de princípios básicos.

No Brasil, por sua vez, o conceito foi propagado por organizações não governamentais (ONGs) e, posteriormente, englobou a noção de *balanço social*. De acordo com Reis (2003, p. 23),

> A Responsabilidade Social foca a cadeia de negócios da empresa e engloba preocupações com um público maior (acionistas, funcionários, prestadores de serviço, fornecedores, consumidores, comunidade, governo e meio ambiente), cujas demandas e necessidades a empresa deve buscar entender e incorporar em seus negócios. Assim, a Responsabilidade Social trata diretamente dos negócios da empresa e como ela os conduz.

Quanto aos desafios enfrentados por empresas socialmente responsáveis, podemos citar como exemplo a pobreza, um problema social que se agrava em razão de inúmeros fatores. Um deles é o despreparo de pessoas residentes em favelas para lidar com atividades econômicas, de acordo com Tybout e Calder (2014). No campo organizacional, a pobreza é um problema grave, mas também uma oportunidade para o marketing.

Ante essa questão, as empresas buscam engajar-se, cada vez mais, em programas de RSC, financiando instituições de caridade e encerrando/minimizando práticas nocivas, como o trabalho infantil. Isso parte da percepção de que essas problemáticas sociais também afetam essas organizações, bem como da consolidação de projetos para superá-las, o que, para os críticos do governo e de ONGs, teria maior eficácia.

A RSC

> se expandiu, pelo menos teoricamente, para ser mais estratégica. A ideia é transformar os problemas sociais que afetam uma empresa em oportunidades. Ao resolver um problema social, a empresa conquista maior vantagem no mercado e aumenta seu potencial de lucro ao mesmo tempo em que também faz o bem. De preferência, a RSC se integra ao negócio como uma espécie de visão geral e uma sensibilidade apurada que ajuda a orientar o processo decisório. (Tybout; Calder, 2014, p. 318)

Como explicamos, as estratégias de marketing tornam um produto mais relevante, destacando seus atributos e benefícios para o consumidor. Por isso, o marketing é considerado uma boa prática para a população menos abastada, embora as empresas, por vezes, se orientem mais para as classes altas. Em geral, esses consumidores podem reconhecer os benefícios, mas não dão muita credibilidade e importância aos produtos.

As empresas devem sempre averiguar se estão, de fato, praticando o marketing de maneira ética e socialmente responsável. A alteração e a implementação dos padrões de negócios estão interligadas aos clientes e outros públicos, e as organizações mais admiradas do mundo preconizam servir aos interesses das pessoas. Kotler e Keller (citados por Cunha; Granero, 2008) caracterizam esse marketing de responsabilidade social como a associação contínua entre o marketing e a comunicação da empresa na criação de valores para a sociedade.

O já citado Instituto Ethos (2021, grifo do original) dissemina a prática de responsabilidade social e busca ajudar empresas a:

1. compreender e incorporar, de forma progressiva, o conceito de **comportamento empresarial socialmente responsável**;
2. implementar políticas e práticas que **atendam a elevados critérios éticos**, contribuindo para o alcance do sucesso econômico sustentável em longo prazo;
3. assumir suas **responsabilidades com todos aqueles que são atingidos por suas atividades**;
4. **demonstrar a seus acionistas a relevância de um comportamento socialmente responsável** para o retorno em longo prazo de seus investimentos;
5. identificar **formas inovadoras e eficazes de atuar em parceria com as comunidades** na construção do bem-estar comum;
6. prosperar, contribuindo para um **desenvolvimento social, econômico e ambientalmente sustentável**.

Cabe ressaltar que o Instituto Ethos procura, sobretudo, orientar empresas na consecução de suas missões e no aperfeiçoamento das políticas de responsabilidade social. Com relação ao marketing, orienta que deve haver respeito à veracidade, consistência e integridade das afirmações, de modo a refletir valores e comportamento éticos.

No âmbito aqui enfocado, o marketing precisa comportar-se de maneira legal, ética e socialmente responsável – condutas assim descritas por Kotler e Keller (2006):

- **Comportamento legal**: a sociedade deve usar a lei para definir claramente quais são as práticas ilegais, antissociais ou anticompetitivas.
- **Comportamento ético**: as empresas devem adotar e informar um código de ética a ser seguido, criar uma tradição de comportamento ético e incumbir sua equipe de cumprir diretrizes éticas e legais.

- **Comportamento socialmente responsável**: os profissionais de marketing devem ter consciência social nos relacionamentos específicos com clientes e demais públicos interessados.

Os referidos autores ainda apresentam o *ranking* das empresas (cujas doações lhes renderam créditos perante a sociedade) mais bem colocadas por sua responsabilidade social: Johnson & Johnson, Coca-Cola, Anheuser-Busch, Hewlett-Packard, Walt Disney, Microsoft, IBM, McDonald's, 3M, UPS, FedEx, Target, Home Depot e General Eletric.

Assim como essas empresas, outras têm grande probabilidade de sucesso ao demonstrar seus valores socialmente responsáveis. O futuro lhes apresenta muitas oportunidades, com os avanços tecnológicos e forças socioeconômicas, culturais e naturais ampliando os limites para as práticas de marketing e negócios.

Drucker (citado por Seget, 2008) considera que a responsabilidade social leva a empresa a decidir seu papel na sociedade, seus objetivos sociais e sua influência no contexto em que opera, comprometendo-se eticamente a contribuir para o desenvolvimento econômico.

Há duas **esferas de consolidação da responsabilidade social**: 1) interna, direcionada para os funcionários e trabalhadores da empresa, contemplando aspectos como condições trabalhistas, direitos dos empregados, recursos humanos etc.; e 2) externa, que foca a comunidade em que a empresa se insere, especialmente em atividades como ações voluntárias, preservação do meio ambiente, geração de empregos, patrocínio de projetos sociais etc.

Atualmente, as empresas enxergam como obrigação a qualidade de serem mais responsáveis em suas ações, conforme a exigência de seus clientes e, até mesmo, por pressão da sociedade. Cabe enfatizar que o marketing tem muito a agradecer a esse componente social, que faz emergir novas ideias, crenças, condutas e valores.

Para Dias (2014), o marketing social consiste na aplicação de técnicas convencionais tendo em vista a melhoria das condições de vida de determinado grupo. Nesse sentido, "a organização deve determinar as necessidades, desejos e interesses dos mercados-alvo e então proporcionar um valor superior aos clientes de forma a manter ou melhorar o bem-estar do consumidor e da sociedade" (Kotler;

Armstrong, citados por Dias, 2014, p. 55). Desse modo, o referido marketing estimula comportamentos sociais benéficos (uso do cinto de segurança, aleitamento materno etc.) ou, até mesmo, inibe condutas nocivas (uso de drogas, do celular ao dirigir, de cigarro etc.). Portanto, por meio de projetos, suscita a aceitação de uma ideia ou prática.

Esse tipo de marketing, aproveitando-se dos avanços dos meios de comunicação, também pode ser entendido como uma estratégia de mudança de comportamento. Assim como o marketing convencional, seu planejamento baseia-se nas preferências dos consumidores (ou seja, na segmentação de mercado). Com isso, deve "atender aos anseios da sociedade, melhorando a qualidade de vida das pessoas, que, além de ser uma meta mais ambiciosa, não é de concretização a curto prazo na maioria das vezes" (Dias, 2014, p. 57).

Em outras palavras, o marketing social busca a conscientização, a compreensão e a aceitação de ideias ou causas sociais. Conforme Dias (2014), isso engloba:

- estimular ações benéficas para a sociedade, como campanhas de vacinação, doação de órgãos etc.;
- mudar comportamentos nocivos – por exemplo, por meio de melhoria da dieta alimentar, diminuição no consumo de álcool, renúncia ao uso de drogas etc.;
- proporcionar informação por meio de programas educativos, como campanhas de nutrição, de conscientização sobre problemas ambientais etc.;
- mudar crenças e valores da sociedade por meio de ideias sobre planejamento familiar, valorização da paternidade etc.

Contudo,

> declaradas ou não, veladas ou explícitas, sejam as ações feitas voluntariamente, sejam feitas sob pressão social, qualquer programa de marketing social empreendido por empresas com fins lucrativos terá como objetivo, em algum nível, aumentar seu valor para os acionistas, mesmo que isso se dê a longuíssimo prazo. Mesmo o mais altruísta dos atos melhoraria o ambiente social da comunidade, tornando-o um local mais seguro e agradável de viver e levando a uma economia mais forte a longo

prazo, atraindo, assim, um melhor conjunto de funcionários e consumidores potenciais, e assim por diante. (Davidson; Novelli, citados por Dias, 2014, p. 64)

Além disso, Dias (2014) destaca que as ações de marketing social:
- envolvem o suporte a uma causa de interesse social e/ou cultural;
- permitem o desenvolvimento de novos eixos de comunicação, o que reforça a imagem da marca;
- implicam e possibilitam relações públicas, garantindo a presença nos meios de comunicação, o que oferece credibilidade;
- criam um vínculo maior com o consumidor, o que pode converter-se em uma relação personalizada;
- têm base para a promoção de vendas efetivas, as quais, em alguns casos, são direcionadas a uma causa de interesse social;
- aumentam a motivação de compra – quando há igualdade de preço e qualidade, a solidariedade se torna fator decisivo.

Ademais, as ações e os produtos da empresa, em geral com grande repercussão social, não podem prejudicar a coletividade (instituições e pessoas) nem o meio ambiente.

Com relação ao **produto social**, é constituído por elementos intangíveis – como ideias, hábitos, atitudes, crenças, mitos, princípios, valores, comportamentos, ações, práticas e condutas, os quais são oferecidos por meio do marketing social. Quando esse produto é projetado, deve-se considerar o contexto cultural em que será ofertado para se definir a forma de comunicação com o público-alvo.

O marketing, muitas vezes, é alvo de críticas por afetar o bem-estar dos consumidores, induzindo à compra de produtos com preços elevados, alimentando desejos e materialismo excessivos ou veiculando propagandas enganosas. Por isso, surgiram movimentos sociais que discutem essas problemáticas e passou-se a exigir das organizações condutas socialmente responsáveis.

A responsabilidade social no âmbito do marketing também concerne ao respeito aos direitos do consumidor, evitando-se comportamentos antiéticos na pesquisa de mercado, na criação e na comercialização de produtos. Dias (2014) cita que, em grandes empresas, o código de ética estabelece como princípio fundamental o agir de maneira socialmente responsável com todos e, principalmente, com a comunidade.

Em suma, a responsabilidade social em marketing determina que se é preciso considerar como público da empresa não somente os compradores, mas também o conjunto de pessoas afetadas diretamente por suas operações. A longo prazo, deve-se atentar para o vínculo com os consumidores.

Exercício resolvido

O conceito de responsabilidade social foi criado em razão da necessidade de as empresas contribuírem, por meio de projetos relacionados ao esporte, à educação e à cultura, com a comunidade ao redor.

Sobre isso, assinale a alternativa que apresenta uma situação de responsabilidade social:

a) A empresa efetua o pagamento do salário dos funcionários, conforme a Consolidação das Leis do Trabalho (CLT), e realiza o desconto em folha do pagamento de empréstimos que estes solicitaram a instituições financeiras.

b) A empresa, ao enfrentar dificuldades financeiras, solicita ao governo uma contribuição para seu desenvolvimento em novo segmento.

c) A empresa realiza a pintura da parte externa de suas instalações, com o fito de se tornar atrativa para possíveis clientes.

d) A empresa oferece auxílio-educação a seus funcionários, como forma de inclusão no ensino superior, e executa projetos para a inclusão digital da comunidade local, com aulas semanais de 1 hora de duração e ministradas por empregados voluntários.

Gabarito: d

Feedback do exercício: a alternativa "d" está correta porque projetos de incentivo à educação e inclusão digital podem ser considerados modos de atuação social corporativa. As situações apresentadas nas outras alternativas não têm relação com a responsabilidade social. A alternativa "a" está incorreta porque o pagamento de salário e o desconto de empréstimo se referem ao simples cumprimento de leis trabalhistas. A alternativa "b" não se encaixa no solicitado porque trata de algo que beneficia apenas a empresa, e não a sociedade; o mesmo vale para a alternativa "c", que cita uma estratégia de divulgação de empresas.

4.2 Marketing social, marketing cultural e responsabilidade social

O filósofo Charles Taylor (citado por Tybout; Calder, 2014) enfatiza que um valor orientador não tem somente sentido econômico. Trata-se de uma indicação cultural do que constitui uma vida que vale a pena. E é aqui que se insere o marketing atrelado à responsabilidade social.

O chamado *marketing de causas*, em geral, visa melhorar a reputação das empresas recorrendo à responsabilidade social. Também por essa razão, no contexto brasileiro, as propagandas foram redesenhadas na tentativa de contemplar maior diversidade étnica, por exemplo, e lançar produtos menos elitizados.

Nessa conjuntura, os meios de comunicação, que transmitem e validam a cultura, têm se esforçado para mostrar à sociedade como ela é de fato, alçando as classes de nível socioeconômico baixo ao papel de protagonistas. Como exemplo, Tybout e Calder (2014) citam as Empreguetes, personagens da novela *Cheias de Charme*, exibida pela Globo, a qual apresenta uma empregada doméstica que, diante de todo o preconceito, consegue obter sucesso em diversos âmbitos da vida.

O excesso de luxo em propagandas também não atinge mais o resultado de outros períodos, isso porque, agora, o público valoriza mais lições de vida e histórias que mostram que o esforço traz recompensas. Além disso, inúmeras empresas retiraram as questões sociais do segundo plano, envolvendo-se eticamente com a sociedade. Elas acabam por se diferenciar das demais em razão de suas condutas e seus valores (cooperação, respeito mútuo, gestão de processos, qualidade de produtos e serviços etc.), os quais servem de base para suas decisões, devidamente alicerçadas na liberdade, na igualdade, na solidariedade e nos direitos humanos. Em síntese, aderiram a práticas e perspectivas socialmente responsáveis, como vimos na seção anterior.

> A Responsabilidade Social (RS) é fundamentalmente baseada em valores, o que é bom, justo, saudável, sustentável e tem como um dos seus fundamentos a transparência. Os valores constituem a

base do conceito de responsabilidade social, a conduta ética das empresas é o que se espera destas quando se tem em mente uma ação socialmente responsável. Nesse sentido, pode-se afirmar que a responsabilidade social pode ser entendida como um contrato moral, um intercâmbio recíproco de expectativas entre as empresas e a sociedade. Para a concretização desse contrato moral, é fundamental que a cultura da organização expresse com nitidez os valores compartilhados pelos seus integrantes. (Dias, 2012, p. 93)

A responsabilidade social vai além do cumprimento da legislação. Segundo Dias (2012, p. 96), ela "promove um comportamento empresarial que integra elementos sociais e ambientais que não necessariamente estão contidos na legislação, mas que atendem às expectativas da sociedade em relação à empresa". É a base da cidadania e, quando inserida em uma gestão estratégica, colabora para alcançar o desenvolvimento sustentável da sociedade em termos econômicos, sociais, ambientais, culturais, políticos e educacionais – isso em integração com os negócios.

Para saber mais

Para saber mais sobre o conceito de responsabilidade social, indicamos assistir à palestra ministrada por Gabriela Crego, que ilustra o impacto social das organizações comprometidas com a sociedade.

CREGO, G. Como as empresas encaram desafios sociais. **TEDx Talks**, 4 fev. 2020. 11 min. Disponível em: <https://www.youtube.com/watch?v=5PvFH4jo-XU>. Acesso em: 23 ago. 2021.

A ação social pode se configurar na destinação de recursos da empresa a projetos de apoio a pessoas necessitadas. Isso está relacionado a um produto ou serviço ofertado por ela, mediante doação ou venda a preços especiais, patrocínios e criação de fundações, por exemplo.

As razões que levam empresas a se engajarem dessa maneira, principalmente em projetos culturais, são diversas, indo do patrocínio convencional à política cultural de longo prazo. Entre elas estão, conforme Brant (2001), as seguintes motivações:

- **Financeiras**: empresas patrocinam o projeto em busca de incentivos fiscais.
- **Políticas**: empresas públicas tentam aproximar-se das classes formadoras de opinião ou buscam apoio político.
- **Promocionais**: empresas patrocinam eventos com grande concentração de pessoas a fim de promover algo.
- **Sociais**: empresas planejam sua política cultural a longo prazo, associando a marca a produtos culturais.
- **Empreendedoras**: empresas aplicam seus recursos em projetos em razão do potencial retorno financeiro, como no caso de casas de espetáculos ou entretenimento – investimento que tem conquistado vários empreendedores.

O primeiro requisito para uma organização decidir implementar uma política cultural é haver a necessidade de associar a marca a projetos com resultados benéficos à sociedade. O planejamento dessa política exige o envolvimento da empresa na gestão de projetos ou no patrocínio (Brant, 2001). A organização deve refletir sobre isso por meio de questionários, compreendendo, desse modo, aspectos como seu relacionamento com a sociedade, sua política de endomarketing, suas ferramentas de marketing etc., e depois selecionar o projeto mais adequado a seu perfil e interesses.

Enfocando agora aspectos de marketing, devemos observar que ele extrapola as ações de vender e comprar, propiciando ao mercado exatamente o que ele deseja. É pertinente mencionar que a comunicação de marketing auxilia tanto organizações com fins lucrativos quanto as que não visam a lucros.

Drucker (citado por Machado Neto, 2002) considera o marketing um negócio com foco no cliente e cuja execução conduz o fluxo de mercadorias e serviços aos consumidores finais. Outrossim, ele pode contribuir com algumas atividades sociais e culturais por meio de, por exemplo, levantamento de fundos para entidades carentes, reciclagem de materiais e proteção do meio ambiente. Via de regra, essas iniciativas partem de empresas privadas, uma vez que o governo tem deixado de lado as questões sociais, que se tornam um desafio para o mundo dos negócios.

Na seção anterior, explicamos que o marketing social tem como principal função promover e consolidar mudanças sociais. Com efeito,

> O profissional de marketing social, contrariamente a seu colega do marketing de negócios, não está a serviço do senhor, e sim do escravo. O marketing clássico utiliza a ótica, e seus problemas de convergência, como analogia. Assim, para a contribuição do marketing social, utilizamos o mesmo referencial: lembremo-nos de que o homem inventou a prótese para ler antes da luneta, e a luneta astronômica (de imagens invertidas), antes da luneta terrestre. É da responsabilidade do marketing social utilizar a lógica das lentes de correção progressiva, adaptativas às distâncias, em função dos focos essenciais: sociais. (Gonçalves, citado por Machado Neto, 2002, p. 63)

Partindo do marketing social, podemos chegar ao marketing cultural, já que são conceitos bem próximos. Para Kotler (citado por Machado Neto, 2002), o marketing social tenta alterar crenças, atitudes, valores ou comportamentos e é considerado um "mercado de ideias", um conjunto de atividades que possibilitam/aumentam a aceitação de uma ideia ou prática social, com o uso de métodos de marketing. Para garantir a mudança de valores, o planejador social pode partir da emissão de uma lei, por exemplo. Não há nesse marketing a presença de lucros, porém, na visão de alguns autores, ele propicia os chamados **lucros sociais**, dividendos que visam à qualidade de vida da sociedade.

Kotler (citado por Machado Neto, 2002) elenca quatro tipos de mudança social, que estão diretamente atreladas aos quatro Ps do marketing (explicados no Capítulo 1):

1. **Produto**: a causa da campanha.
2. **Preço**: as mudanças de hábito que podem ser promovidas.
3. **Ponto**: abrangência da ação.
4. **Promoção**: comunicação.

O marketing cultural emerge neste ponto relacionado à cultura de instituições não lucrativas, estendendo-se à consciência, à manutenção e ao desenvolvimento de valores da vida em sociedade.

Várias adversidades suscitam ações sociais, como a reforma de instituições e setores sociais. Diante de problemas como má distribuição de riquezas, desigualdade de acesso à educação e desemprego, instituições diversas buscam suprir a ausência ou ineficiência estatal. Por exemplo, a Escola de Samba da Mangueira, do Rio de Janeiro, cuja comunidade é a mais antiga da região, criou o projeto Vila Olímpica e, assim, promoveu o esporte e a educação.

Os meios culturais, como teatros, museus e organizações dedicadas à música, sempre se favoreceram de donativos. Nesse contexto, as ações de filantropos, para a comunidade dos negócios, são vistas como marketing.

> As organizações artísticas voltaram-se para as abordagens de marketing por [...] necessidade de aumentar sua geração de receita mediante a tentativa de atrair públicos maiores, aumentar as doações dos contribuintes e melhorar o nível de eficiência das operações. As técnicas de marketing provaram ser diretamente aplicáveis em organizações artísticas porque essas exigem também a tomada de decisões relativas à setorização, preço, distribuição e comunicação. Ademais, como os administradores de artes tornaram-se mais informados e conscientes das motivações do consumidor para o patrocínio das artes, puderam ampliar seus grupos de leais doadores e contribuintes. (Bamossy; Semenik, citados por Machado Neto, 2002, p. 67)

O financiamento cultural passou a contar com o amparo da iniciativa privada e seus agentes (desde artistas até empresários, editores, produtores e administradores). Trata-se de mais uma maneira de garantir o direito à cultura, que foi enquadrado (junto com ciência, tecnologia e educação) na Constituição Federal de 1988 (Brasil, 1988) como um dos princípios da dignidade da pessoa humana e do livre desenvolvimento da personalidade.

Nesse cenário, o Estado interfere diretamente no planejamento, na produção e na avaliação dos processos culturais, conduzindo projetos de acordo com a necessidade das comunidades. Ele busca ao máximo não afetar a dinâmica de mercado, mas apenas estimular o investimento privado em questões sociais. Desse modo, suas políticas dão um direcionamento ao setor cultural.

Tendo em vista o exposto, podemos considerar o marketing cultural uma confirmação do marketing social, compreendendo atividades de saúde, educação, esporte e ecologia. Trata-se de um "marketing de causas", que engloba a ação de funcionários, fornecedores, clientes, jornalistas e público em geral.

De acordo com Mendes (2016, p. 4),

> A relevância social que o marketing cultural também foi capaz de acarretar é uma das grandes bases pelas quais a ferramenta vem se tornando uma alternativa cada vez mais buscada e engrandecida entre as táticas de comunicação que as empresas e ou organizações vêm utilizando. Nesse sentido, a responsabilidade social é a expressão interna e externa do que constituem os valores básicos da empresa e ou organizações. A responsabilidade social é caracterizada por uma postura ativa e um comprometimento em não apenas ser ética e assumir a responsabilidade pelo bem-estar de seus funcionários, como também em promover o desenvolvimento da comunidade em que atua em termos econômicos, social, ambiental, cultural, político, educacional, de forma integrada com o dia a dia de seu negócio.

Segundo Reis (2003), as empresas, por meio do apoio a projetos socioculturais, almejam o alcance de objetivos/benefícios como equidade social, desenvolvimento da tolerância social e valorização e respeito às diversas formas de expressão cultural. O empresário passou a se preocupar com a sociedade porque, quanto mais educados são os indivíduos, mais preparados estão para decidir consumir seus produtos, o que traz retornos a médio e longo prazos. Isso evidencia que as corporações são mais dependentes da sociedade do que o inverso.

> Para ilustrar a participação das empresas socialmente responsáveis no setor cultural, uma das empresas filiadas ao Instituto Ethos, a CPFL (Companhia Paulista de Força e Luz), ganhou por três anos consecutivos o prêmio Top Social concedido pela ADVB – Associação dos Dirigentes de Vendas e Marketing do Brasil. Seu projeto "Cultura e Arte como instrumento de inclusão social", desenvolvido em parceria

com o Museu Lasar Segall e a IBBNET, levou a "Exposição Digital Lasar Segall" a 16 cidades do interior paulista, e permitiu que um público de aproximadamente 100 outros municípios pudessem visitar e conhecer as obras do artista. (Reis, 2003, p. 23)

É preciso ter em mente que ações culturais incoerentes (ou seja, quando a empresa propõe algo que contraria sua prática) não têm nenhum efeito concreto. Empresas que atuam de maneira irresponsável, seja com o meio ambiente, seja com seus *stakeholders*, realizam doações ou patrocínio cultural apenas para serem reconhecidas como "engajadas" em causas sociais. No Brasil, mesmo entre consumidores pouco críticos, exige-se coerência empresarial entre o que se prega e o que se faz, razão pela qual aquela prática oportunista não "vinga".

4.2.1 Marketing cultural aliado à responsabilidade cultural: objetivos, dificuldades, ganhos e segmentos de interesse das empresas

Em todo o país, encontramos empresas cujo envolvimento em projetos socioculturais rendeu ótimos frutos. Reis (2003) cita que uma das primeiras empresas a assumir essa postura foi a Odebrecht, que defende a construção do futuro do Brasil com a valorização da memória de seu povo.

Outro exemplo é a instituição Casa do Zezinho, uma organização sem fins lucrativos que atende jovens e seus parentes, com foco em educação, cultura e trabalho. Os sujeitos contemplados participam de atividades consideradas arte-educação, como oficinas de informática, panificação, corte e costura, tratamento capilar, reciclagem de papel e mosaico. Além disso, envolvem-se com artes plásticas, cerâmica, arranjos florais, teatro, dança e música. Isso porque a referida instituição acredita na arte como meio de clarear a atuação do mundo social, político e econômico, como instrumento a serviço da responsabilidade social e da promoção do crescimento individual.

Em complemento ao exposto no início da seção, os principais objetivos visados pelas empresas por meio do uso do marketing cultural estão elencados na Tabela 4.1, a seguir. Cabe destacar a possibilidade de se buscar mais de uma das metas citadas, ou seja, a pesquisa em que a tabela se baseia permitiu que fosse escolhida mais de uma resposta.

Tabela 4.1 – Principais objetivos perseguidos pelo marketing cultural no Brasil

Ganho de imagem institucional	65,04
Agregação de valor à marca da empresa	27,64
Reforço do papel social da empresa	23,58
Benefícios fiscais	21,14
Retorno na mídia	6,5
Aproximação do público-alvo	5,69
Outro	3,25
Não citado	11,38

Fonte: Fundação João Pinheiro, citada por Reis, 2003, p. 91.

Esse marketing efetiva-se

> por meio de shows artísticos, de teatros, de exposições, ou outras manifestações culturais que criam canais de comunicação e relacionamentos com uma marca e ainda geram mídia espontânea à empresa ou seus produtos. Dessa forma, as empresas que desenvolvem essas ações estratégicas têm a sua imagem associada à responsabilidade social, demonstrando serem preocupadas com a sociedade e com a cultura e minimizam as diferenças culturais de uma marca percebidas pela clientela. (Martins, 2011, p. 40)

Essa propaganda institucional, quando atrelada à responsabilidade social, estabelece um relacionamento novo e ético com os interessados (funcionários, fornecedores, acionistas e a própria sociedade), e não mais focado em autopromoção, com cumplicidade ideológica entre os consumidores. A estratégia do marketing cultural reduz custos para as empresas, que transformam a participação no projeto em vantagem competitiva, propagando conhecimento, artes, entretenimento, crenças etc. no meio social.

> Atuantes em um cenário de grande concorrência para chamar atenção do público consumidor, agregar valores à marca, construir uma personalidade para a marca e falar diretamente com o público-alvo, algumas empresas estão percebendo a necessidade de se aproximar cada vez mais da comunidade como um todo e assumindo uma responsabilidade sociocultural que vai além da venda de produtos e serviços. Isto ocorre quando a empresa percebe que o seu consumidor não é apenas aquele que compra seus produtos ou contrata seus serviços, mas também aquele que os conhece e fala bem deles. (Humphreys, citado por Cunha; Granero, 2008, p. 6)

Exercício resolvido

O marketing cultural atrelado à responsabilidade social baseia-se na contribuição de empresas com projetos voltados à promoção da cultura na sociedade, o que implica cumprir um papel que, por vezes, o Estado não consegue exercer.

Assinale a alternativa que apresenta as principais contribuições das empresas como socialmente responsáveis por questões culturais:

a) A empresa deve contribuir financeiramente e sem se envolver no projeto, mesmo que se interesse pelo contexto social.
b) A organização deve contribuir para o desenvolvimento cultural da sociedade por meio da execução de projetos e da realização de eventos.
c) A empresa deve patrocinar eventos sem que saiba do que se trata, qual é a correlação entre eles e seu produto ou marca.
d) A organização não deve contribuir para o desenvolvimento cultural da sociedade por meio da execução de projetos e da realização de eventos.

> **Gabarito**: b
>
> **Feedback do exercício**: a contribuição e o envolvimento de empresas com a cultura por meio de projetos e eventos dão visibilidade e valor à marca. Por isso, a alternativa correta é a "b". A alternativa "a" está incorreta porque a empresa deve se envolver no projeto, visto que a parceria é fundamental. A alternativa "c" também está equivocada, dado que a participação em eventos requer conhecimento prévio sobre eles e objetivos em comum. Por fim, a alternativa "d" está errada porque a empresa, para ser socialmente responsável, deve contribuir para a sociedade.

Para expandir o conhecimento reunido na Tabela 4.1, propomos o exame do Gráfico 4.1, a seguir.

Gráfico 4.1 – Motivos que levam as empresas a investir em cultura

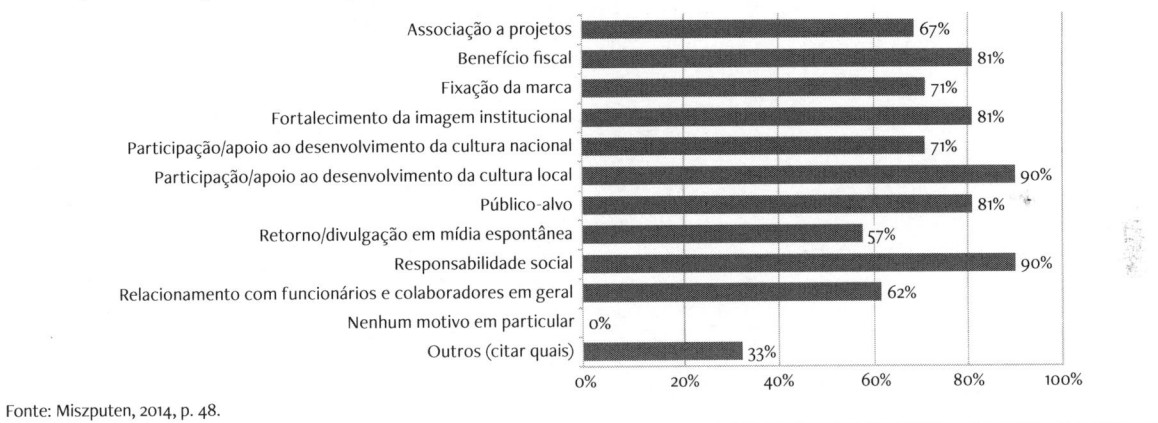

Motivo	%
Associação a projetos	67%
Benefício fiscal	81%
Fixação da marca	71%
Fortalecimento da imagem institucional	81%
Participação/apoio ao desenvolvimento da cultura nacional	71%
Participação/apoio ao desenvolvimento da cultura local	90%
Público-alvo	81%
Retorno/divulgação em mídia espontânea	57%
Responsabilidade social	90%
Relacionamento com funcionários e colaboradores em geral	62%
Nenhum motivo em particular	0%
Outros (citar quais)	33%

Fonte: Miszputen, 2014, p. 48.

Com a leitura do gráfico, verificamos que as empresas investem em cultura, principalmente, em razão do ganho para a imagem institucional, da agregação de valor à marca da empresa, dos benefícios fiscais, do retorno da mídia e da aproximação com o público-alvo.

Apesar disso, no contexto brasileiro,

> um percentual muito pequeno [de empresas] atua no apoio à cultura. Dentre as razões que se podem destacar estão as próprias leis de incentivo à cultura criadas por municípios, estados e pela própria União. Inicialmente, as leis incentivam as empresas patrocinadoras de cultura com a renúncia fiscal de impostos municipais, estaduais e federais. Como a maior parte das empresas brasileiras é de pequeno e médio porte, com regime fiscal de lucro presumido, as leis de incentivo beneficiam apenas a pequena parcela que adota o regime de lucro real. Ainda dentro deste quadro, as empresas que se candidatam ao benefício da renúncia fiscal devem estar absolutamente regulares com seus deveres tributários, coisa um tanto complicada diante do emaranhado de leis existentes. (Seget, 2008, p. 7)

A seguir, o Quadro 4.1 apresenta as principais dificuldades que acarretam o não investimento no âmbito cultural.

Quadro 4.1 – Dificuldades para o apoio à cultura apontadas pelas empresas consultadas

Quadro 1 – Projeto Cultural

Aspectos dificultadores

Custo:
- Alto custo do investimento.
- Produção cara.
- Envolve investimento na fase de pré-produção.
- Orçamentos malfeitos.
- Superfaturamento dos projetos.
- Risco de investir e o projeto não ser realizado.

Retorno:
- Falta de pesquisas de aferição do retorno.
- Dificuldade de avaliação.
- Não há retorno de vendas a curto prazo.
- A mídia não destaca a participação da empresa.
- Dificuldade de divulgação nas diversas mídias.
- Reduzido alcance comparativamente à mídia de massa.
- Nenhum retorno em projetos de longa duração.

Público-alvo:
- Falta de delimitação do público-alvo.

Adequação:
- Projetos inadequados ao perfil da empresa.

Quadro 2 – Meio Cultural

Aspectos dificultadores

Profissionalismo/Amadorismo:
- Oferta de projetos mal planejados.
- Oferta de projetos de má qualidade.
- Falta de profissionalização dos produtores culturais.
- Dificuldade de apresentar projetos voltados para o público-alvo da empresa.
- Não aceitação dos critérios de seleção definidos pela empresa.
- Descaso com o patrocinador (falta de reciprocidade).
- Não cumprimento dos compromissos.
- Venda de propostas ludibriantes pelos intermediários

Fonte: Fundação João Pinheiro, 1998, citada por Seget, 2008, p. 8.

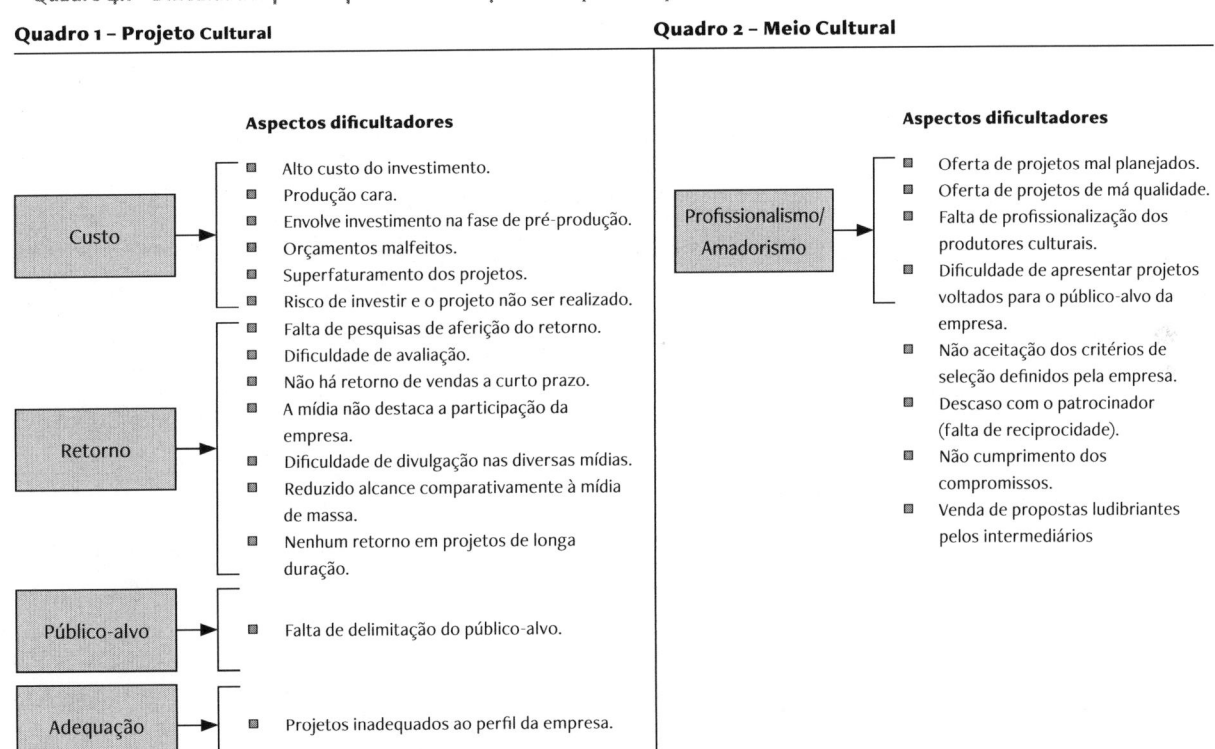

Com a ação cultural, surge uma ligação entre marca, empresa e comunidade. Espera-se, como já sinalizamos, que os investimentos culturais ultrapassem os interesses econômicos da organização.

Em diagnóstico realizado pela Fundação João Pinheiro (2004) junto a um grupo de 123 empresários mineiros, constatou-se, contudo, que, dos resultados esperados dos investimentos em ações culturais, 65,4% dos respondentes indicaram ganhos de imagem, 27,6% apontaram reforço de marca, 23,6%

mencionaram reforço das atividades de cunho social, e 21% investiram devido aos incentivos fiscais. Resultados como esses indicam que, de alguma forma, apesar de o efetivo exercício de responsabilidade sociocultural por parte das empresas demandar o alcance de certo equilíbrio entre as forças de mercado e as forças sociais, percebe-se que ainda há uma forte tendência, no contexto empresarial, para que a balança penda para a dimensão de mercado. (Maranhão; Motta, 2008, p. 3)

O marketing cultural eficaz (cujos resultados são reconhecidos e usufruídos especialmente a longo prazo) demanda, assim, ultrapassar a visão mercadológica e desempenhar o papel de gestor de demandas sociais, lançando mão das manifestações culturais para modificar o indivíduo e, com isso, construir uma sociedade participativa, democrática e soberana.

As empresas com produtos e/ou serviços considerados politicamente corretos, para Maranhão e Motta (2008), têm consciência de seu papel social e, a fim de ampliar sua contribuição social, incumbem a sociedade de escolher mudar ou não a realidade do país.

Conforme explicamos, mesmo o marketing cultural funda-se na segmentação de mercado. A seguir, o Gráfico 4.2 lista os nichos culturais que mais recebem investimentos de empresas.

Gráfico 4.2 – Segmentos culturais que despertam maior interesse empresarial

Segmento	%
Artes cênicas – Circo/dança/mímica/teatro	62%
Artes visuais – Fotografia/gráficas/gravuras/plásticas	57%
Audiovisual – Difusão/distribuição/exibição/.../infraestrutura técnica/multimídia/preservação/restauração/produção cinematográfica/produção televisiva/produção radiofônica/rádio e TV educativa	76%
Humanidades – Acervo bibliográfico/arquivo/biblioteca/edição de livros/evento literário/filosofia/periódicos/obras de referência	71%
Música – Artes integradas/erudita/instrumental/popular	76%
Patrimônio cultural – Acervo museológico/acervo arquitetônico/artesanato/cultura afro/cultura indígena/história/museu	71%
Outro(s). Citar quais.	38%

Fonte: Miszputen, 2014, p. 38.

Outra pesquisa de Miszputen (2014), com relação à **faixa etária visada com o patrocínio cultural**, demonstrou que 90% das empresas pretendem atingir jovens, 81%, adultos e crianças; e 71%, idosos.

As empresas, geralmente, publicam editais para a seleção de projetos a serem patrocinados, o que podemos considerar uma democratização da tomada de decisões. Os principais **critérios para a aprovação** deles, de acordo com Miszputen (2014), são a criatividade e a inovação; a credibilidade; a adequação ao público-alvo; a exposição da marca; o enquadramento nas leis de incentivo; o alcance social – ou, melhor dizendo, o foco na comunidade; a qualidade; o retorno da mídia; a relação custo *versus* benefício; e a adequação à empresa. O envolvimento da organização nesse processo (da seleção do projeto à sua finalização) é extremamente positivo.

A atuação das empresas e do Poder Público nesse âmbito tem evoluído e se aprimorado; todavia, há uma longa trajetória a se percorrer para a concretização dos processos e procedimentos corporativos.

Exercício resolvido

Vimos no capítulo que a cultura é um direito de todos. Ela contempla a arte, a qual, por sua vez, compreende a música, o teatro, a pintura, o cinema, a literatura, o artesanato etc., práticas referentes à criação de algo inédito ou à adaptação de uma obra preexistente.

Com base no conceito de arte e em seu papel social, assinale a alternativa que apresenta um benefício de seu incentivo por parte das empresas:

a) Maior valor somente perante o governo, que é o foco principal das estratégias corporativas, e boa relação da empresa com todos.
b) A arte não proporciona benefícios para a empresa, e sim para a comunidade, como a participação em atividades culturais.
c) O incentivo fiscal, com a dedução de impostos das empresas que contribuem para a realização de projetos culturais, e o acréscimo de valor à marca.
d) O lucro total que a empresa obtém, independentemente de seu apoio ao projeto cultural.

Gabarito: c

***Feedback* do exercício**: o incentivo fiscal oferecido pelo governo leva empresas a promover a cultura e, com isso, agregar valor a suas marcas. Por isso, a alternativa correta é a "c". A alternativa "a" está incorreta porque as empresas focam os clientes em si, e não o Estado. A alternativa "b" apresenta um equívoco quando enfatiza não haver benefícios para as empresas nesse processo. Por fim, a alternativa "d" está errada porque o lucro só pode ser obtido por meio do apoio a projetos.

Síntese

- A responsabilidade social leva empresas a ajudar a comunidade em que se inserem, trabalhando em questões sociais, culturais e mesmo educacionais. Isso lhes confere reconhecimento e valor perante a sociedade.
- A responsabilidade social associada à cultura envolve a execução de projetos que promovam o acesso aos produtos culturais.
- O marketing cultural compreende a materialização de projetos da empresa voltados à sociedade, com atividades às quais, por vezes, os indivíduos não têm acesso, como *shows*, exposições, visitas a museus ou, até mesmo, oficinas de artesanato.
- O marketing cultural aliado à responsabilidade social extrapola os objetivos comuns. A empresa identifica necessidades sociais e, complementando o papel do Estado, supre inúmeras delas. Assim, atua para criar um mundo mais democrático, justo, valorizando a diversidade cultural e contribuindo para o exercício de direitos humanos.

5

*Tópicos avançados
de marketing
cultural e marketing
para artistas*

Conteúdos do capítulo:

- Etapas e estratégias de aplicação do marketing cultural avançado.
- Etapas e estratégias de aplicação do marketing para artistas avançado.

Após o estudo deste capítulo, você será capaz de:

1. descrever as etapas e o direcionamento do marketing;
2. usar ferramentas e técnicas avançadas de aplicação do marketing em uma organização;
3. usar ferramentas e técnicas avançadas de aplicação do marketing cultural e do marketing para artistas.

Investir em marketing cultural pode ser algo rentável para uma empresa? Como identificar a correta estratégia para cada organização? Essa e outras questões correlacionadas ao investimento cultural, bem como o uso avançado de técnicas de marketing, serão abordadas neste capítulo.

Anteriormente, vimos que o investimento em cultura pode proporcionar diversos retornos positivos para empresas. Para tanto, é necessário avaliar se realmente essa estratégia condiz com os princípios da corporação, de modo que gere, simultaneamente, benefícios econômicos e sociais.

As grandes empresas que fazem uso do marketing cultural atuam em segmentos bastante definidos. Todavia, no processo de socialização das oportunidades, é preciso considerar as organizações de pequeno e médio portes e executar ações coerentes com suas possibilidades.

Nesse contexto, o marketing cultural deve ser compreendido como estratégia de comunicação viável em qualquer empresa. Um dos principais desafios enfrentados nesse campo diz respeito ao tratamento dos recursos que permitem sua realização, conforme Almeida (1994). Esses tópicos foram explorados nos primeiros capítulos e serão ampliados e adensados nestas seções.

5.1 Marketing cultural: componentes e processos

Para a realização do marketing cultural, parte-se de uma **pesquisa** que define o traçado básico dessa estratégia com relação à empresa e ao consumidor. Essa investigação é efetivada por meio de **coleta de dados**, com o objetivo de obter informações específicas e, assim, caracterizar o perfil da organização. Isso permite adequar o projeto cultural à empresa patrocinadora e orienta toda a etapa de negociação. Segundo Almeida (1994), algumas das informações que devem constar nesse levantamento são:

- **Área de atuação geográfica**: especifica as imediações de atuação da empresa para a melhor adequação do produto ou evento.
- **Natureza da atividade**: trata-se da definição dos produtos ou serviços oferecidos e do consumidor interessado neles.
- **Dimensão econômica da empresa**: indica o volume de recursos solicitados para um projeto, que deve ter em conta a realidade econômica da empresa em questão.

- **Organograma**: refere-se à definição do interlocutor correto, tendo em vista que existem profissionais mais aptos para o recebimento de projetos culturais.
- **Estratégia de marketing da empresa**: trata-se da tentativa de aproximar a estratégia de marketing cultural da estratégia de marketing do produto ou serviço da empresa.
- **Identificação de eventuais problemas**: aponta obstáculos experimentados pela empresa e seus funcionários e comunidade. Isso funciona como informação privilegiada, pois tais problemáticas podem se estender a produtos ou serviços. Nesse sentido, uma ação de marketing cultural é eficiente como ação institucional.
- **Datas significativas**: incluem o aniversário da fundação ou o lançamento de determinados produtos. É uma circunstância oportuna para a empresa celebrar.
- **Nacionalidade**: refere-se a projetos acerca de atuações ou temas internacionais que podem ser de interesse de empresas multinacionais com filial no Brasil.

Soma-se a essas dimensões da pesquisa o **perfil dos consumidores**, tanto do projeto cultural quanto dos produtos ou serviços comercializados. De acordo com Almeida (1994), esse é o chamado *público-alvo*, no qual é possível identificar características comuns, como as elencadas a seguir, no Quadro 5.1.

Quadro 5.1 – Classificação do público-alvo

Distribuição da população	Faixa etária	Sexo	Classes de renda
Urbana Rural	Crianças Pré-adolescentes Universitários Adultos	Masculino Feminino Ambos os sexos	Classes A, B, C, D, E ou F (de acordo com a renda familiar)

Uma das principais características do **consumidor cultural** é o fato de se concentrar nas faixas superiores de renda e atuar como formador de opinião. O conhecimento desses traços pode criar um diferencial estratégico para as ações de marketing cultural. Por exemplo, os consumidores da classe A ou B podem ser encontrados, em geral, em uma montagem de texto de Shakespeare ou em um *show* da Marisa Monte em um bar elegante, variando apenas quanto à faixa etária.

A identidade de quem consome cultura e adquire produtos condiciona o marketing cultural e, assim, as empresas podem decidir patrocinar projetos culturais depois de avaliar o mercado e encontrar uma amostra de seu público-alvo.

Exercício resolvido

O marketing envolve a implementação de estratégias, entendidas como fundamentais para o planejamento de todas as etapas dos projetos, e o acompanhamento dos resultados alcançados.

Com relação à estratégia, assinale a alternativa que apresenta quais características podem ser consideradas na fase de definição do público-alvo:

a) A classificação do público-alvo é feita em função da idade, do gênero, da escolaridade e da classe social dos sujeitos, informações estas que podem ser obtidas por meio da concorrência.
b) A classificação do público-alvo deve ser detalhada para uma boa estratégia de marketing, porém, para isso, não deve ser realizado qualquer tipo de pesquisa.
c) A classificação do público-alvo é feita conforme a idade, o gênero, a escolaridade e a classe social dos sujeitos, informações estas que podem ser obtidas por meio de pesquisas.
d) A classificação do público-alvo é feita com base na idade, na escolaridade e em outros itens fundamentais para a definição da estratégia, porém jamais deve haver similaridade entre os públicos.

Gabarito: c

***Feedback* do exercício**: a alternativa "c" está correta porque a definição do público-alvo depende de diversos fatores, que são identificados por meio de pesquisas, e não com auxílio da concorrência, razão pela qual a alternativa "a" está errada. A alternativa "b" está incorreta por indicar que pesquisas não devem ser realizadas, quando, na verdade, são parte fundamental da coleta de informações. Por fim, a alternativa "d" está incorreta por enfatizar que jamais deve haver similaridade entre públicos, uma ação contrária à segmentação com base em características comuns aos sujeitos.

O próximo aspecto relativo ao marketing cultural é a **mídia**. Conforme Almeida (1994), ela é o canal de comunicação entre quem produz e quem consome, discriminado em duas categorias: 1) veículos impressos (revistas, jornais e panfletos); e 2) veículos eletrônicos (rádio, televisão, mídias sociais etc.), os mais utilizados na contemporaneidade.

A seleção dos veículos de mídia é feita de acordo com a verba destinada (isso quando não se contrata uma agência publicitária) e com a estratégia do plano de mídia. Quando bem realizada, é capaz de assegurar o sucesso do evento. Outro instrumento utilizado nesse caso é a **assessoria de imprensa**, que obtém retorno editorial para o evento/produto em desenvolvimento, como material impresso, fotografias, *slides*, livros, catálogos, camisetas, entre outros itens incluídos no *kit* de imprensa. Já o ***merchandising*** visa levar o produto ao consumidor de maneira diferenciada e popularizou-se no âmbito da publicidade. O marketing cultural, desse modo, dá visibilidade à marca ou ao nome da empresa patrocinadora do projeto cultural.

Para saber mais

Para entender melhor o conceito e a aplicação do *merchandising*, confira o material que o Serviço Brasileiro de Apoio às Micro e Pequenas Empresas (Sebrae) elaborou para ajudar organizações iniciantes no desenvolvimento do *merchandising* como estratégia de vendas.

SEBRAE – Serviço Brasileiro de Apoio às Micro e Pequenas Empresas. **Merchandising nos pequenos negócios**. 12 nov. 2014. Disponível em: <https://www.sebrae.com.br/sites/PortalSebrae/ufs/mg/artigos/merchandising-nos-pequenos-negocios,c5b05865750a9410VgnVCM1000003b74010aRCRD>. Acesso em: 23 ago. 2021.

A oportunidade de *merchandising* de um produto pode ser exemplificada como menções a uma empresa dentro de um livro (como fizemos aqui em alguns trechos). Algumas ações permitem patrocínio, como a produção de um filme: enquanto ele for exibido, a marca da empresa estará nos cartazes de lançamento ou em *trailers* projetados no início ou final de cada sessão de cinema.

"Cabe ao profissional de marketing cultural conhecer a fundo o projeto com o qual está envolvido e propor o maior número de alternativas de visibilidade para a empresa patrocinadora, mantendo sempre a integridade estética e artística do evento" (Almeida, 1994, p. 50). Nesse sentido, quanto maior o envolvimento no projeto cultural, melhores os resultados alcançados pela empresa e para a sociedade.

O marketing cultural pode ser desenvolvido por pessoa física ou jurídica. Em ambos os casos, é preciso ter um entendimento claro de seus objetivos para melhor aplicar técnicas e princípios.

Como intermediário do projeto cultural e seu financiamento, existe a **agência de marketing cultural**, cuja função é tratar do projeto, identificar potenciais patrocinadores, negociar a venda e supervisionar a execução dessa proposta.

Em complemento ao exposto, Almeida (1994) indica outros processos relacionados ao marketing cultural, listados a seguir.

Pesquisa:

- levantamento de informações;
- manuseio de banco de dados;
- fornecimento de cadastros impressos;
- atualização dos cadastros;
- realização de seleção de notícias diárias;
- administração e atualização das informações da empresa;
- elaboração de pesquisas com relação a datas e fatos significativos.

Planejamento:

- relacionamento com a criação e definição do projeto;
- redação e formatação final do projeto;
- planejamento da mídia;
- acompanhamento;

- envio de material para veiculação;
- relacionamento com os meios de comunicação;
- planejamento de *merchandising*;
- controle de programação visual;
- definição do retorno do patrocinador.

Produção:

- tráfego do material gráfico;
- controle da produção do material;
- tomada de preços, orçamentos e custos do projeto;
- cadastro e controle dos fornecedores;
- levantamento de custos;
- manutenção de tabelas de mídia.

Atendimento:

- contato telefônico, visitas, apresentação e negociação de projetos aos prospectivos clientes.

Machado Neto (2002) aponta que os componentes do sistema de marketing cultural são: artista, patrocinador, equipamento, produtor cultural, leis de incentivo fiscal e agenda/calendário. Ademais, essa modalidade de marketing apresenta os seguintes desdobramentos:

- **Marketing cultural**: atividade deliberada de viabilização físico-financeira de produtos e serviços culturais.
- **Marketing cultural de fim**: instituições cuja missão é a produção/difusão cultural.
- **Marketing cultural de agente**: empreendedores artístico-culturais.
- **Marketing cultural de meio**: instituições cuja missão não é a produção/difusão cultural.
- **Marketing cultural misto**: fusão de modalidades. Compreende institutos e centros culturais privados.

5.2 Marketing cultural e projeto cultural: etapas e estratégias

As etapas do projeto cultural, cuja realização deve ser feita, de preferência, internamente, sobretudo pelo alto custo das agências de marketing, estão representadas no fluxograma da Figura 5.1.

Figura 5.1 – Etapas do projeto cultural

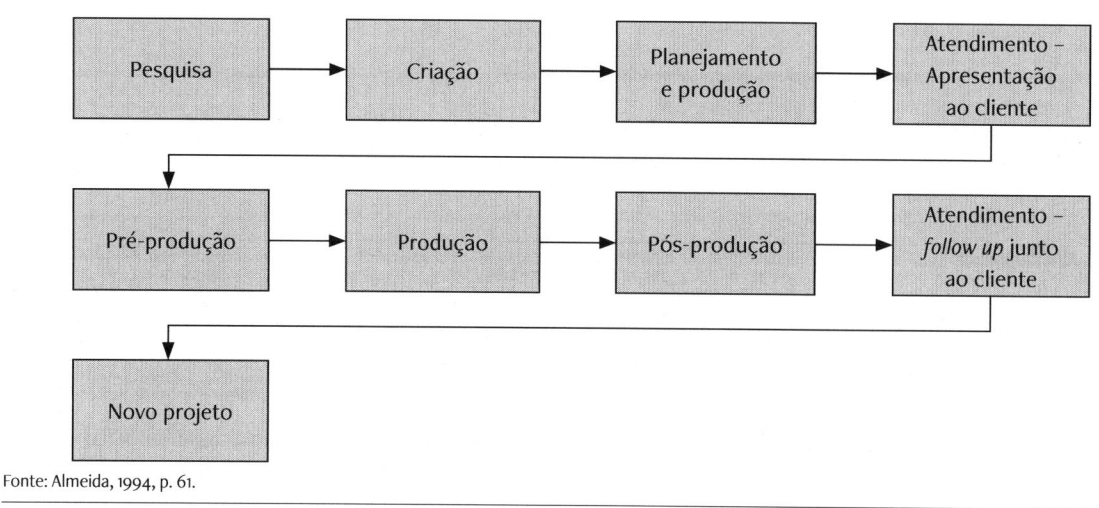

Pesquisa → Criação → Planejamento e produção → Atendimento – Apresentação ao cliente

Pré-produção → Produção → Pós-produção → Atendimento – *follow up* junto ao cliente

Novo projeto

Fonte: Almeida, 1994, p. 61.

O projeto cultural é o "espaço" em que arte e criatividade se materializam em um evento ou produto. Esse processo compreende diversas etapas: a primeira concerne à definição de objetivos do projeto, e a segunda, ao reconhecimento da motivação para realizá-lo, ou seja, seu "porquê". Em seguida, ocorre a captação do patrocinador por meio da apresentação dos diferenciais do projeto. Essa descrição técnica fornece informações como dia, hora ou local e mesmo elementos específicos da proposta.

A etapa referente ao cronograma, por sua vez, fixa um tempo para a conclusão do projeto, com o planejamento de suas atividades. O fluxograma da Figura 5.2 representa a sequência de operações e funciona como roteiro do evento cultural.

Figura 5.2 – Etapas de patrocínio de um espetáculo musical

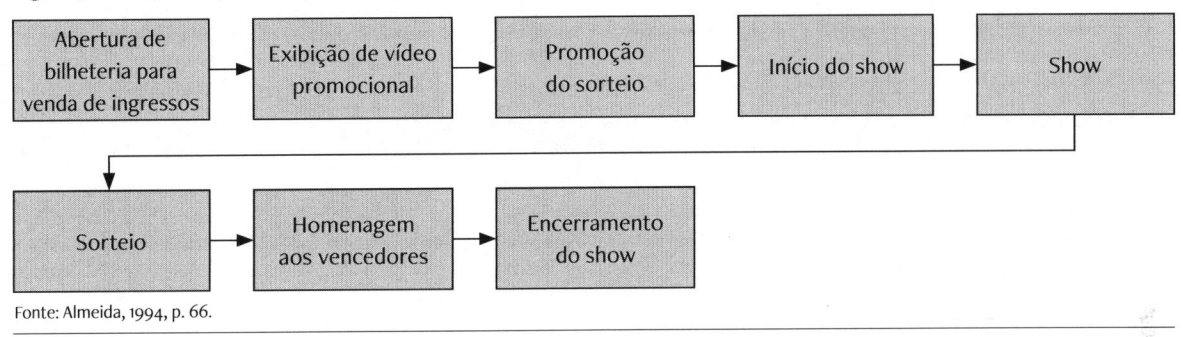

Abertura de bilheteria para venda de ingressos → Exibição de vídeo promocional → Promoção do sorteio → Início do show → Show → Sorteio → Homenagem aos vencedores → Encerramento do show

Fonte: Almeida, 1994, p. 66.

Posteriormente, ocorre a etapa opcional de confecção de gráficos, que permite à empresa patrocinadora visualizar seu impacto em diversos níveis. Como explicamos, o orçamento varia conforme o projeto e demanda considerar, de modo transparente, os ganhos. Nesse contexto, a estratégia de retorno relaciona o conjunto detalhado de benefícios, e a pesquisa nessa fase pode ser bastante útil.

A negociação, por seu turno, conduz à fase final do projeto. Ela visa à aceitação de ideias e interesses para melhores resultados e identifica do que o outro realmente precisa. Essa etapa deve ser antecedida por um planejamento e a análise das concessões por níveis de importância.

Em suma,

> O marketing cultural seguramente não é apenas o encontro de oportunidades comerciais, mas um painel de técnicas e conhecimentos capazes de potencializar o papel da cultura, além de apontar caminhos para uma economia própria. Estas técnicas, absorvidas de áreas vizinhas, permitem o desenho de projetos de comunicação que, além da eficiência objetiva, apresentam ainda benefícios menos tangíveis, mas igualmente atraentes, como o retorno institucional. (Almeida, 1994, p. 76)

Nessa perspectiva, o consultor de marketing cultural forma-se por meio de uma gama de experiências e consegue abordar a produção cultural e seu marketing sob o olhar dos múltiplos sujeitos e organizações envolvidos.

O processo de marketing cultural, de acordo com Reis (2003), tem início na seleção de projetos culturais, o que direciona as estratégias da empresa com relação a, por exemplo, formas de distribuição e desenvolvimento de produtos. É necessário, nesse caso, identificar as ameaças e as oportunidades no mercado, uma análise semelhante à representada na Figura 5.3.

Figura 5.3 – Análise do mercado

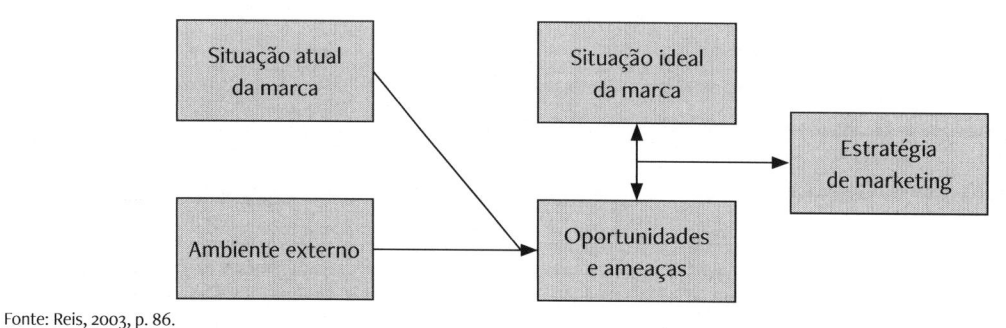

```
[Situação atual da marca] ─┐           [Situação ideal da marca]
                           │                    ↕
                           ↓           [Oportunidades          →  [Estratégia
[Ambiente externo] ──────→  e ameaças]                             de marketing]
```

Fonte: Reis, 2003, p. 86.

Diversas questões são levantadas nesse ponto, com o exame de aspectos de cada atividade, como objetivo, público-alvo, orçamento disponível, duração do projeto, entre outros itens. Na sequência, o projeto é proposto, aprovado, desenvolvido, implementado e avaliado.

Como estratégia de comunicação, a empresa deve assegurar a coerência entre as diferentes ferramentas, seja por suas vantagens, seja por seus limites, e isso serve de reforço para as estratégias.

As principais etapas do marketing cultural são desenvolvimento, implementação e avaliação. Segundo Reis (2003), a empresa pode atuar de diferentes formas para traçar e operacionalizar suas atividades de marketing cultural, podendo intervir diretamente, em parceria com instituições culturais, artistas ou seus intermediários, ou contratar produtores culturais, caso em que traça objetivos, mas terceiriza a execução do projeto. A contratação de consultoria é uma das formas de terceirizar essas atividades. Outra possibilidade é a criação de uma fundação ou centro cultural, cenário em que a empresa emerge como mantenedora.

Enfatizamos até aqui que a escolha por investir em um projeto cultural ou artista requer uma análise minuciosa. Demanda atentar para detalhes que ofereçam benefícios a ambas as partes envolvidas (sociedade e empresa). Nessa conjuntura, o profissional de marketing, muitas vezes, pode notar que a diversidade cultural se refere a formas diferentes de exprimir o mesmo sentido.

> A música nos dá um exemplo de como essas universidades se aplicam ao marketing. Ela faz parte de todas as culturas e é uma forma aceita de expressão artística, além de uma fonte de entretenimento. No entanto, também é uma arte caracterizada por uma variedade de estilos. Portanto, mesmo que a trilha sonora possa ser utilizada com eficácia em comerciais, o tipo de música apropriado em uma parte do mundo pode não ser aceitável ou eficaz em outra. Um jingle pode utilizar um ritmo de bossa-nova na América Latina e de rock nos Estados Unidos. A música é uma universidade cultural que os profissionais do marketing global podem adaptar às preferências culturais de diferentes países ou regiões. (Keegan, 2005, p. 80)

Logo, com o fito de ter sucesso, o marketing deve entender a experiência humana do ponto de vista local.

O referido autor cita como exemplo a Turquia. No país, as empresas de entretenimento procuram músicos cujo trabalho é exatamente o que os turcos querem ouvir – 95,7% da população prefere canções populares. Todavia, mesmo que o conteúdo seja único, o processo de criar valor para clientes é idêntico em qualquer lugar.

Quanto ao marketing para artistas, no caso de um profissional que busca projeção internacional, tenta-se aumentar as viagens internacionais, melhorar sua comunicação, seu estilo de roupa etc. Entretanto, para a efetividade dessa estratégia, é necessário que o artista tenha potencial.

Para Keegan (2005), o marketing, de modo geral, é a fórmula inquestionável para a promoção e o alcance do desenvolvimento econômico. Alguns países estão em ritmo acelerado e eficiente para chegar ao nível de sofisticação da Europa Ocidental. A seguir, o Quadro 5.2 sintetiza as mudanças transcorridas nessa região, com o desafio de fomentar a definição de estratégias para o aproveitamento das oportunidades em um dos mercados mais ricos do mundo.

Quadro 5.2 – Estratégias de marketing na comunidade europeia

	Mudanças que afetam as estratégias	Ameaças ao planejamento das empresas	Opções de gerenciamento
Estratégias de produto	Harmonização na padronização dos produtos, nos testes e no processo de certificação.	Definição de oportunidades para as diretivas. Regras de origem.	Produção consolidada. Obtenção de economias de marketing.
	Regras comuns de patentes e de marcas.	Regras de conteúdo local.	Mudança de marca para beneficiar o segmento.
	Harmonização nas exigências de embalagem, rotulagem e processamento.	Diferenças na pesquisa de marketing.	Quando possível, embalagem e rotulagem padronizada.
Estratégias de determinação de preço	Ambiente mais competitivo.	Importação paralela.	Dispõe-se de diferentes impostos e taxas de valor agregado.
	Fim das restrições aos produtos estrangeiros.	Taxação diferenciada de bens.	Entendimento da elasticidade de preços de acordo com a demanda do consumidor.
	Medidas antimonopolistas.	Menos liberdade para alterações de preços.	Produtos com margem alta.
	Obtenção do mercado público de aquisições.		Introdução de marcas de baixo custo com visibilidade.
Estratégias de promoção	Diretrizes uniformes nas emissoras de TV.	Restrições à publicidade de álcool e tabaco.	Coordena os componentes do mix promocional.

Fonte: Guido, citado por Keegan, 2005, p. 127.

Podemos observar que, conforme as estratégias traçadas pelo marketing, as mudanças impostas pelo mercado ameaçam o plano definido, porém isso pode converter-se em oportunidades, com novos tipos de gerenciamento – um aspecto mais bem compreendido por meio da análise SWOT, discutida no Capítulo 1.

O desenvolvimento de estratégias apoia-se em conhecimentos sobre o mercado (clientes, com criação de valor para eles, e concorrentes) e nas metas visadas pelas empresas. Segundo Tybout e Calder (2014), implica a compreensão de objetivos, premissas e dinâmicas, bem como sua implementação e o posterior alcance de resultados. Na análise de mercado, estudam-se também os objetivos dos compradores e seu comportamento. Nessa perspectiva, a concentração de recursos e o posicionamento competitivo são preocupações que a empresa deve passar a focar.

A implementação conta com estratégias que criam valor único para compradores. Em seguida, a empresa aprende com esses sujeitos, oferecendo solução para seus problemas e, desse modo, informações necessárias para a decisão de compra. Os compradores detêm quatro tipos de conhecimentos: 1) categorias (conjunto de alternativas); 2) percepções; 3) preferências; e 4) escolhas.

Sobre a dinâmica competitiva, Tybout e Calder (2014) destacam que mudanças como inovações tecnológicas criam condições para a mudança, sejam as de recursos aplicados, sejam as de estratégias. Com o advento de tecnologias, o consumidor sempre está atento e em constante evolução.

A próxima etapa é a implantação do marketing, tarefa que deve ser realizada com grande empenho e investimento. Algumas características da empresa relacionadas à sua cultura são bastante relevantes nesse processo.

> Os parques temáticos da Disney, a Southwest Airlines, a Mayo Clinic, a Zara e a Zappos.com são bons exemplos de marcas que são colocadas em prática de verdade. Apesar das diferenças em seus produtos, serviços, níveis de preço e modelos de negócios, todas essas organizações têm um elemento em comum: como flores que se desenvolvem porque seus sistemas de raízes saudáveis as nutrem bem, essas marcas, colocadas em prática em todos os pontos de contato com o cliente, são alimentadas por organizações internas que sustentam – e jamais contradizem – o direcionamento delas. (Tybout; Calder, 2014, p. 161)

Esses aspectos configuram diferenciais que proporcionam qualidade aos clientes, além de impressioná-los.

Os profissionais da área de marketing devem trabalhar para conquistar sua influência estratégica, identificando e discutindo aspectos culturais da empresa que vão de encontro aos valores da marca, de modo a assegurar que ela ganhe vida no interior da organização e que conquiste seu espaço fora dela. Cumpre destacar que os aspectos relacionados à estratégia abordados aqui são igualmente utilizados nos marketings tradicional, cultural ou mesmo para artistas.

O canal de marketing, por sua vez, é visto como um fabricante, e a venda direta é um método de distribuição muitas vezes organizado em vários níveis, no qual o distribuidor ganha um bônus. A estrutura do canal pode se adequar melhor ao nível de serviço desejado pelo mercado-alvo.

Figura 5.4 – Esquema de gerenciamento do canal

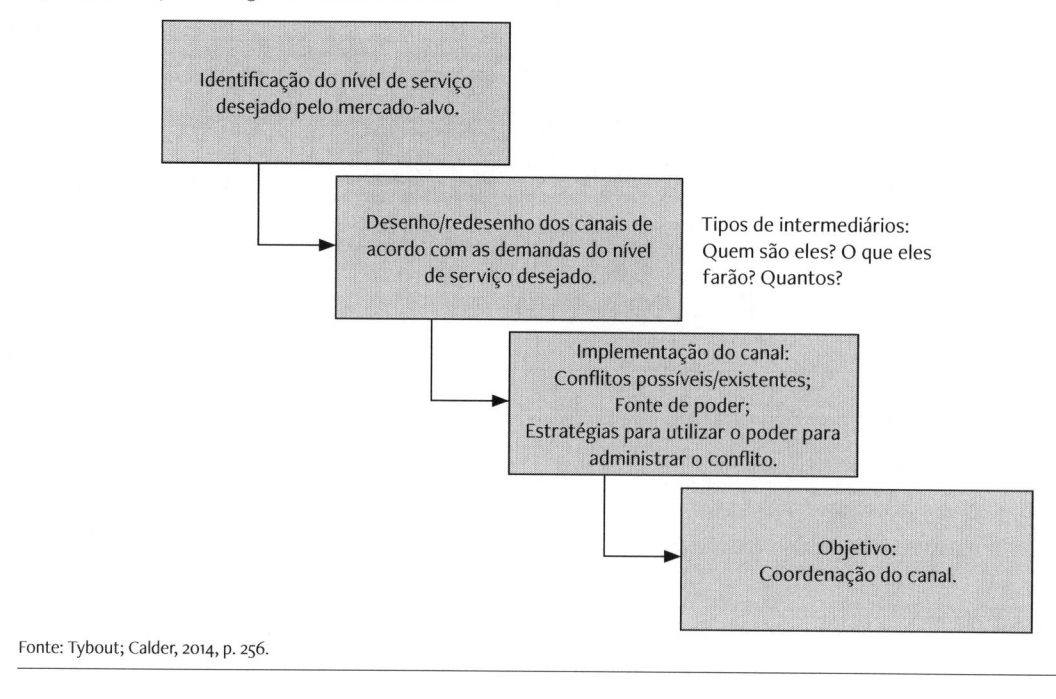

- Identificação do nível de serviço desejado pelo mercado-alvo.
- Desenho/redesenho dos canais de acordo com as demandas do nível de serviço desejado.
  - Tipos de intermediários: Quem são eles? O que eles farão? Quantos?
- Implementação do canal: Conflitos possíveis/existentes; Fonte de poder; Estratégias para utilizar o poder para administrar o conflito.
- Objetivo: Coordenação do canal.

Fonte: Tybout; Calder, 2014, p. 256.

O esquema da Figura 5.4 auxilia também na reestruturação de um canal preexistente, o que requer decidir o tipo, a identidade e a intensidade dos membros do canal.

Há vários **estados da demanda** com relação aos consumidores: negativa (não gostam do produto), inexistente (desconhecem o produto), latente (têm uma necessidade que não pode ser satisfeita por nenhum produto existente no mercado), declínio (compram produtos com menor frequência), irregular (compram sazonalmente), plena (compram adequadamente todos os produtos), excessiva (há mais consumidores do que produtos disponíveis) e indesejada (atraem-se pelo produto por consequência social).

Nessa perspectiva, o foco do marketing deve recair nas necessidades, nos desejos e nas demandas do mercado-alvo, já que não é possível contemplar e suprir esses aspectos entre todos os sujeitos. Cabe relembrar que as necessidades são os requisitos humanos básicos e podem ser remodeladas em desejos. Já a demanda compreende desejos por produtos específicos e funda-se na capacidade de comprá-los, de acordo com Kotler e Keller (2006).

Toda empresa luta para construir uma marca sólida, exclusiva, forte e favorável. O valor do produto (este combina qualidade, serviço e preço) se reflete nos benefícios e nos custos tangíveis e intangíveis percebidos pelo consumidor. Esses itens (assim como os serviços) são apresentados, vendidos e comercializados por canais de distribuição (televisão, rádio, *outdoors* etc.), os quais viabilizam o contato direto com o cliente.

Kotler e Keller (2006) também consideram essencial a cadeia de suprimento, pois esta se estende das matérias-primas aos componentes dos produtos finais, representando um sistema de entrega de valor.

No âmbito do marketing, a concorrência representa as forças interferentes no ambiente em que a empresa opera. Esse lócus é constituído pelo **ambiente de tarefa** (formado pela produção, pela distribuição e pela promoção de ofertas) e pelo **ambiente geral** (formado pelos ambientes demográfico, econômico, natural, tecnológico, político-legal e sociocultural).

Figura 5.5 – Fatores que influenciam a estratégia de marketing da empresa

AMBIENTE ECONÔMICO DEMOGRÁFICO	AMBIENTE NATURAL/ TECNOLÓGICO	AMBIENTE POLÍTICO-LEGAL	AMBIENTE SOCIOCULTURAL
Intermediários de marketing	Órgãos públicos	Concorrentes	Fornecedores
Sistema de informações de marketing	Sistema de planejamento de marketing	Organização de marketing e sistema de implementação	Sistema de controle de marketing
Produto	Preço	Promoção	Praça

CLIENTES-ALVO

Fonte: Kotler; Keller, 2006, p. 50.

Como visto na Figura 5.5, o marketing segue um processo lógico, que consiste em analisar as oportunidades, selecionar os mercados-alvo, projetar estratégias de marketing, desenvolver programas de marketing e gerenciar o esforço de marketing.

Patel (2021) complementa descrevendo cinco passos para fazer o marketing cultural:

1. **Definição do público-alvo**: a fatia da audiência a ser impactada pela ação cultural. É preciso analisar comportamentos, conhecimentos e costumes das pessoas que a constituem.
2. **Definição do modelo (fim, meio, agente ou misto)**: categoria visada para dar início às estratégias de marketing cultural. É importante deixar claro para o público que a marca pode ajudar a resolver questões sociais.
3. **Produção de conteúdo**: transformação da marca em entretenimento para as pessoas que acompanham a empresa. Pode ser uma oportunidade para ampliar os resultados por meio de ações exclusivas, como mostrar que artistas usam seus produtos.

4. **Divulgação da campanha**: circulação do conteúdo nos canais que as pessoas acessam, o que incute nelas a ideia de que precisam consumir o produto oferecido por determinada empresa.
5. **Análise de resultados**: mensuração de resultados e chances de melhoria por parte do marketing cultural. É o momento de estabelecer métricas importantes para o negócio, sem se esquecer da mídia espontânea.

Com o propósito de alcançar retornos positivos com o marketing cultural, é fundamental seguir todas as etapas listadas e acompanhá-las continuamente de maneira inovadora e artística (no que se refere à divulgação).

As estratégias de marketing cultural de algumas empresas servem de base e inspiração para outras, como demonstramos em capítulos anteriores. É o caso da Coca-Cola, que faz investimentos habituais em eventos culturais. Alguns dos mais conhecidos são a Copa do Mundo e os Jogos Olímpicos. Já no contexto nacional, há o Festival Folclórico de Parintins, realizado no Amazonas. Outro exemplo disso é a Ambev, considerada uma das maiores cervejarias do Brasil, que promove a apresentação de artistas com o Skol Beats e tem outros projetos voltados ao esporte.

Perguntas & respostas
Qual é a importância do Festival Folclórico de Parintins para o Brasil?
O primeiro festival aconteceu em 1965 e, com o passar do tempo, ganhou proeminência nacional. Trata-se de um festival popular realizado no município de Parintins, no interior do Estado do Amazonas, e reconhecido como patrimônio cultural do Brasil desde 2018, isso por enfocar e valorizar a cultura legitimamente nacional. O evento põe em evidência o simbolismo regional dos povos indígenas, com o lançamento de CDs e DVDs musicais.

Esse tipo de promoção ajuda

> na comunicação e divulgação publicitária da marca ou do produto que está patrocinando ou realizando o evento. Na maioria das vezes, esses eventos são realizados em parceria com os veículos de comunicação, já estando incluída no custo do pacote promocional a divulgação. É por isso que muitos eventos são realizados pelos próprios veículos de comunicação e patrocinados com exclusividade, regularidade ou patrocínio de oportunidade por uma ou mais empresas, em regime de cotas. A grande tendência que se observa, entretanto, é a de marcas patrocinarem clubes, times, atletas e artistas, por saberem que há um processo de identificação e transferência dos consumidores, interagindo com seus ídolos e clubes. (Ferracciú, 2007, p. 61)

Como mencionado, algumas empresas precisam criar e montar eventos para promover sua marca, o que configura um desafio para elas e para os artistas. Para esses profissionais, ainda, sobretudo aqueles em início de carreira, pode ser a grande chance de ganhar mais reconhecimento.

Nessa direção, o referido autor sugere contratar artistas para promover produtos. Espera-se, então, que o consumidor aceite ideias sem fundamentação racional. Isso também gera empatia, ou seja, o desejo por imitar e experienciar o que o artista vive.

A preparação do evento cultural implica tomar muitas decisões. Machado Neto (2002) elenca alguns elementos a serem considerados e definidos:

- **Público**: vários públicos, porém alguns eventos são programados para um grupo específico.
- **Tipo de evento**: oficina, *workshop*, espetáculo, feira, inauguração, simpósio, convenção, assembleia, festa, mostra, conferência, festival, lançamento, campeonato, curso, congresso, exposição, entre outros.
- **Planejamento**: atividades a serem executadas em um prazo estipulado.
- **Cadastro de participantes**: levantamento de dados dos participantes, assim como seus interesses e sua motivação.
- **Local**: facilidade de acesso, acomodações, estacionamento, instalação e acomodações.

- **Data**: disponibilidade dos participantes. A data não deve coincidir com a de outros eventos.
- **Temário**: tema relacionado com os objetivos e o público participante. Deve apresentar clareza, atualidade e antecedência.
- **Programa**: distribuição do tempo do evento de acordo com os temas.
- **Divulgação**: informação e motivação para que o público deseje participar do evento. Isso contempla a definição de qual meio de divulgação será utilizado.
- **Recursos de apoio**: equipamentos, instalações e serviços necessários, assim como materiais (como papel, TV e *datashow*).
- **Serviços**: fotografia, filmagem, sonorização, bufê, decoração, hospedagem, segurança, entre outros.
- **Recursos humanos**: telefonistas, recepcionistas, porteiros, cozinheiros, garçons, limpeza, entre outros.
- **Recursos financeiros**: previsão do custo do evento e obtenção de recursos por meio de doações, patrocínios etc.
- **Clima do evento**: espírito do ambiente, planejado, previsto e controlado.
- **Memória**: documentação do evento, capaz de preservá-lo.
- **Cerimonial e protocolo**: coordenação e preparação de visitas.
- **Cronograma**: distribuição das providências necessárias para a organização do evento.
- **Balancete**: controle contábil-financeiro.
- *Checklist*: listagem de itens atrelada às providências a serem realizadas.
- **Relatórios**: justificativa de decisões e rumos.
- **Avaliação de resultados**: indicação do sucesso ou fracasso do evento por meio de coleta de dados.
- **Comunicações finais**: agradecimento aos participantes, às autoridades e aos colaboradores, o que demonstra organização e apreço.

5.3 Estratégias de marketing avançadas para músicos e escritores

Os produtos, embora por vezes iguais, são percebidos de maneira distinta pelos clientes. Isso por conta da força da marca e dos benefícios sociais que proporciona com o incentivo à cultura. Assim, quando há dois produtos com características semelhantes, porém um com marca fraca e outro com marca consagrada e valor agregado, é frequente que o cliente opte pela segunda opção.

A seguir, vejamos seis dicas sobre estratégias de marketing para artistas da música (ListenX LX, 2016):

1. **Não parar no tempo. Reinventar-se a todo instante.** Atualmente as notificações avisam sobre cada lançamento. Alguns cliques bastam para ouvir uma nova música. Essa transformação constante demanda adaptação dos envolvidos na indústria musical.
2. **Dialogar nas praças digitais. A internet é um mundo de oportunidades.** Trata-se de um ponto direto entre o artista e aqueles que o acompanham. Atuar no ambiente *on-line* exige, portanto, interação.
3. **Descobrir onde seu público está.** Gênero, idade, nacionalidade etc. são aspectos que devem ser identificados para determinar o público potencial e as estratégias para alcançá-lo ou, até mesmo, para selecionar parceiros que tenham relação com esse público.
4. **Buscar influenciadores. Espalhar o nome da marca.** Parceria entre artistas e influenciadores podem ser realizadas com uma aparição em um canal de sucesso, por exemplo. O ideal é que se faça uma pesquisa profunda tendo em vista o público potencial.
5. **Planejar-se. Estratégias de marketing precisam de prazos.** O gerenciamento da carreira não é algo tão simples. Artistas e bandas investem em um planejamento de médio e longo prazos, pois é uma prática contínua. Não adianta fazer um grande investimento em lançamentos sem se preparar para a fase posterior.
6. **Ter foco e disposição. Não parar na pista.** O artista faz dezenas de apresentações por semana e tem de marcar presença em diversos eventos. Essa força e disposição funcionam como grande inspiração. Mergulhar de cabeça nos projetos é, desse modo, essencial.

As estratégias apresentadas são direcionadas aos artistas da área musical; contudo, podem ser replicadas por qualquer artista que busque sucesso e visibilidade para seus trabalhos entre os admiradores de arte.

Outro exemplo de estratégia destina-se a escritores. Esses profissionais têm um grande desafio pela frente, já que perderam, conforme Tokarnia (2020), de 2015 para 2019, mais de 4,6 milhões de leitores (sujeitos que não leram nem parcialmente nem integralmente nenhum livro nos últimos três meses). Isso ocorreu especialmente em razão da substituição do hábito de leitura pelo uso da internet e das redes sociais no tempo livre. Somam-se a isso dificuldades de leitura, como não saber ler, ler devagar e ter uma compreensão insuficiente ou mesmo quase nula.

Assim, os escritores têm de começar a se adaptar aos novos hábitos dos leitores. De acordo com a DVS Editora (2019), isso implica adentrar o ambiente tecnológico de que todos falam e se utilizam. Nesse cenário, é cada vez mais comum a compra de *e-books*, cujo acesso é imediato e que tem um preço menor que o do livro impresso.

Escrever e divulgar uma obra é um enorme desafio para qualquer escritor, que pode ser transposto com o auxílio do marketing, segundo a DVS Editora (2019):

- **Fidelizar o público**: a interação é uma maneira de estar mais conectado com os clientes.
- **Ampliar as vendas**: os lançamentos ganham novo formato e estratégia.
- **Expandir o público**: uma rede de compartilhamentos possibilita atrair mais público consumidor.
- **Intensificar a divulgação**: é importante ter maior assertividade com relação à divulgação do produto do escritor.
- **Ampliar o espaço pessoal**: o uso da internet abre um grande espaço para a troca de informações e opiniões e o estreitamento de vínculos com o público.
- **Ter espaço para ensinar**: divulgação de conteúdo, ensino de técnicas de escrita, redação e criação de personagens, por exemplo, são formas de ensinar a arte a outras pessoas.

A criação de um marketing eficaz para escritores, de acordo com a DVS Editora (2019), requer planejamento. O autor deve entender quem é seu público-alvo e em quais canais pode encontrá-lo.

A divulgação de conteúdos auxilia na promoção do autor. Logo, convém produzi-los e publicá-los, de maneira programada (com intervalos e temáticas fixos; geralmente a publicação ocorre diariamente), em *sites*, redes sociais, fóruns e eventos. Então, a criação de um conteúdo de valor gera impactos positivos e é de interesse do público-alvo. Por isso, é fundamental averiguar o que está dando certo ou errado nesse marketing.

Tais publicações devem ser originais e relevantes, despertar o interesse do público, conquistar engajamento e apresentar soluções para problemas. Quanto ao seu conteúdo, a princípio, podem abordar lançamentos, apresentar o escritor e sua obra, ensinar algo ou oferecer dicas a respeito.

Examinados os marketings para músicos e para artistas, constatamos que palavras como *planejamento*, *estratégia* e *divulgação* são citadas a todo momento. Portanto, apesar dos diferentes objetivos dos artistas, o marketing direcionado a eles baseia-se nesses aspectos para proporcionar comunicação com o público e promoção de produtos ideais.

Exercício resolvido

A implantação, o acompanhamento e a análise dos resultados do marketing (seja cultural, seja para artistas) apresentam algumas similaridades, o que contribui para uma compreensão global dessa prática. Sobre essa questão, assinale a alternativa que resume corretamente o uso do marketing em geral:

a) O marketing é uma forma de identificar como as empresas alcançaram seus objetivos, e isso dispensa a análise de qual caminho será percorrido por elas.

b) O marketing possibilita o alcance dos objetivos empresariais por meio de estratégias que estabeleçam o contato entre empresa, cliente e sociedade.

c) Estratégia, direcionamento e segurança são as principais funções do marketing para o alcance dos objetivos empresariais.

d) O marketing é uma forma de identificar como as empresas alcançaram seus objetivos, e isso dispensa qualquer contato com seus clientes.

Gabarito: b

***Feedback* do exercício:** a alternativa "b" está correta pois é clara ao apontar que o marketing busca cumprir metas por meio da aplicação de estratégias. A alternativa "a" está incorreta porque o marketing tem de estar alinhado com os caminhos traçados pela empresa na tentativa de alcançar determinados objetivos. A alternativa "c" está errada porque a segurança não é uma função do marketing. Por último, a alternativa "d" está incorreta pelo fato de o marketing basear-se, sobretudo, na comunicação entre empresa e cliente.

Estudo de caso

Texto introdutório

Este estudo apresenta uma empresa do ramo têxtil cujo público-alvo são jovens. Ela pretende começar a investir fortemente na comunicação com seus consumidores e, até mesmo, expandir seu mercado de atuação. O desafio aqui é identificar a melhor estratégia para estreitar o relacionamento com os clientes por meio do uso da arte.

Texto do caso

A Descolado produz roupas (calças, camisetas, vestidos e roupas de inverno) para jovens de ambos os gêneros e com idades entre 10 e 15 anos. Seu diferencial são vestimentas que fazem a cabeça dos jovens. Além disso, sua produção mensal gira em torno de 5 mil peças, distribuídas em todo o Brasil.

A empresa tem 200 funcionários, considerando-se do administrativo à produção, que recebem salário-base, auxílio-alimentação e auxílio-educação. Esse último auxílio cobre um percentual da mensalidade de cursos, desde que relacionados às atividades que o profissional desempenha na empresa e possibilitem seu aprimoramento.

Atualmente, a Descolado realiza vendas na cidade de São Paulo, onde está localizada, mas a maior parte delas é feita pela internet para distribuição em outras lojas.

A organização não adota nenhuma estratégia de marketing. Seus primeiros meios de comunicação com os clientes foram o *e-mail* e o telefone. Os clientes resolveram apostar na empresa e ficaram satisfeitos com as vendas dos produtos em suas lojas. Com o ótimo resultado, as vendas foram aumentando com o passar do tempo. Entretanto, no momento, encontram-se estagnadas.

Diante disso, a empresa busca tornar a marca Descolado reconhecida no Brasil todo, assim como estabelecer uma comunicação com seus consumidores, mostrando-lhes novos produtos, porém ainda direcionados ao público *teen*, dando continuidade, assim, à fidelização dos clientes.

A empresa já realizou pesquisa com seus compradores e obteve retorno positivo em todos os requisitos: atendimento com qualidade, entrega de produtos no prazo estabelecido, conferência do pedido, qualidade do produto, consumidores satisfeitos, retorno de clientes para a realização de nova compra etc. Todavia, o que falta é a comunicação com a clientela e a divulgação da marca, uma vez que aqueles que já adquiriram seus produtos voltam a comprá-los mas as pessoas que os desconhecem têm dificuldade em adquiri-los pela primeira vez. O preço dos produtos também é compatível com a qualidade e o percentual de lucro que se pretende obter, de acordo com a estratégia da empresa.

A Descolado está preparada para se tornar mais competitiva no mercado e demonstra, principalmente, disposição para iniciar o planejamento estratégico de comunicação com seu público jovem por meio do uso do marketing cultural.

Resolução

A empresa Descolado optou pelo uso do marketing cultural para a divulgação da marca e sua expansão no mercado competitivo. A opção por essa ferramenta foi motivada pelo tipo de comunicação que estabelece e pelos benefícios que oferece à comunidade.

A primeira estratégia adotada foi a parceria com um grupo *pop* musical que faz sucesso entre adolescentes de 10 a 15 anos. A empresa patrocinou um *show* dele, com acesso gratuito pela comunidade. Foi divulgado que a Descolado organizou e financiou o *show* a ser realizado em determinado dia, hora e local (no caso, na cidade de São Paulo, onde se concentra a maior parte dos consumidores da marca). Os artistas vestiram roupas da Descolado e, durante o *show*, agradeceram à empresa pelo patrocínio, o que proporcionou a divulgação da marca.

A segunda estratégia visava estabelecer contato e proximidade diários entre público e empresa. Para isso, a Descolado criou uma conta nas redes sociais e nelas publica seus lançamentos. Nesse cenário, o que mais atrai os consumidores é o patrocínio de artistas, que divulgam seus trabalhos musicais, literários e até de artesanato, ensinando alguma atividade simples e criativa. Dessa maneira, a Descolado tornou-se famosa entre adolescentes pelo conteúdo atrativo e relevante.

Outra estratégia aplicada foi a parceria no lançamento de um livro de uma trilogia aguardada pelos adolescentes. Nesse evento, que aconteceu no Rio de Janeiro, a empresa ofereceu um *coffee break* às pessoas que compareceram.

A última estratégia desenvolvida foi a implementação de um projeto de ensino de instrumentos musicais na comunidade próxima à empresa. As aulas foram realizadas semanalmente em um espaço alugado pela Descolado e, novamente, enfocaram adolescentes entre 10 e 15 anos de idade. Envolvidos com a música, dificilmente esses jovens tomarão caminhos ruins.

As referidas estratégias foram adotadas e continuadas e, nesse processo, novas surgiram. Suas etapas de realização concentraram-se nos arredores da empresa, mas tiveram divulgação nacional, sobretudo por meio das mídias sociais. Constata-se, portanto, que o marketing cultural nesse projeto foi eficaz e possibilitou à empresa dialogar com seus consumidores e captar novos clientes, proporcionando ainda à comunidade local o acesso à cultura.

Dicas

O direcionamento da empresa para as estratégias de marketing cultural possibilita a aproximação dela com seus clientes, com novos clientes e, até mesmo, com a sociedade, proporcionando o acesso à cultura. Para compreender isso na prática, confira os exemplos citados no texto recomendado.

SOUZA, I. de. O que é marketing cultural e 3 exemplos para você se inspirar. **Rock Content**, 20 fev. 2019. Disponível em: <https://rockcontent.com/br/blog/marketing-cultural/>. Acesso em: 23 ago. 2021.

Philip Kotler, considerado o pai do marketing, dedicou-se a construir conceitos para explorar o mercado e orientar a definição, implantação e análise de estratégias de marketing. Confira a entrevista com o autor indicada a seguir.

KOTLER, P. **Entrevista com Philip Kotler**. 11 out. 2011. 8 min. Disponível em: <https://www.youtube.com/watch?v=-aPoeAKspLc>. Acesso em: 23 ago. 2021.

O marketing para artistas, muitas vezes, é realizado por empresas que decidem investir nesses profissionais e em suas criações. Para entender mais sobre esse direcionamento, assista ao vídeo indicado.

RENAUX, C. **Marketing para artistas**: 5 estratégias que funcionam. 15 jan. 2020. 8 min. Disponível em: <https://www.youtube.com/watch?v=QJSdhUvjXtM>. Acesso em: 23 ago. 2021.

Síntese

- O marketing cultural deixou de ser somente uma maneira de divulgar empresas, convertendo-se em um investimento cujos retornos positivos são o aumento das vendas e o acréscimo de valor à marca.
- O investimento em cultura – especificamente o engajamento em projetos culturais alinhados aos objetivos corporativos – passou a ser realizado por grandes empresas e expandiu-se para as empresas menores interessadas em prosperar no mercado.

- O marketing em geral é complexo e procura considerar as necessidades e os desejos dos consumidores. Para tanto, faz-se necessária uma pesquisa entre os clientes para, posteriormente, ser possível delinear as estratégias do plano a ser implementado.
- O marketing cultural e o marketing para artistas têm planos estratégicos similares. O foco de ambos é proporcionar cultura à sociedade por meio de projetos inovadores e de destaque.

Considerações finais

Com base em todo o conhecimento explorado nesta obra, podemos afirmar que o marketing cultural, uma prática ainda desconhecida por muitos em razão da falta de planejamento estratégico-empresarial, proporciona resultados extremamente positivos às organizações que decidem praticá-lo, como a valorização de sua marca e maior proximidade com a sociedade. Além disso, viabiliza o acesso, por parte da sociedade, a eventos e atividades culturais, o que difunde, exalta e diversifica a cultura.

Nessa direção, abordamos diversas ferramentas, ganhos e dificuldades relacionadas a esse marketing, procurando tratar do tema de maneira ampla e didática, com exemplos concretos e conceitos pertinentes.

Em complemento, discutimos a busca do sucesso empreendida pelos artistas, um processo difícil e lento, mas que tem o marketing cultural como facilitador, sendo capaz de captar empresas e outras instituições interessadas em investir nas produções desses profissionais.

Vimos que os produtos culturais representam as crenças humanas, seu talento, sua criatividade, entre outros aspectos, e o acesso a eles depende do apoio de empresas e do Poder Público, bem como do interesse da sociedade em adquirir conhecimento e cultura. Por isso, enfatizamos a necessidade de – em defesa das atividades culturais e dos artistas responsáveis, sobretudo aqueles cujo talento ainda não foi reconhecido e que precisam de apoio e incentivo – lutarmos pela conservação da cultura brasileira, que define nossos modos de ser, fazer e pertencer.

Referências

ALMEIDA, C. J. M. de. **A arte é capital**: visão aplicada do marketing cultural. Rio de Janeiro: Rocco, 1993.

ALMEIDA, C. J. M. de. **A arte é capital**: visão aplicada do marketing cultural. Rio de Janeiro: Rocco, 1994.

ALVES, E. P. M. A economia criativa do Brasil: modernização cultural, criação e mercado. **Latitude**, v. 6, n. 2, p. 11-47, 2012. Disponível em: <https://www.seer.ufal.br/index.php/latitude/article/view/873/pdf>. Acesso em: 23 ago. 2021.

ALVES, F. C. R. **A contextualização do binômio produção e consumo à luz dos conceitos da cultura e da ideologia**. São Paulo: Blucher, 2015.

ARANTES, P. **Arte e mídia**: perspectivas da estética digital. 2. ed. São Paulo: Senac, 2018.

ARTLUV. **Cinco dicas de marketing digital para artistas**. Disponível em: <https://artluv.net/cinco-dicas-de-marketing-digital-para-artistas/>. Acesso em: 23 ago. 2021.

BANOV, M. R. **Comportamento do consumidor**: vencendo desafios. São Paulo: Cengage, 2017.

BARATA NETO, R. Itaú lança plataforma de marketing cultural. **Propmark**, 5 jun. 2008. Disponível em: <https://propmark.com.br/anunciantes/itau-lanca-plataforma-de-marketing-cultural/>. Acesso em: 23 ago. 2021.

BARROSO, P. F.; NOGUEIRA, H. de S. **História da arte**. São Paulo: Sagah, 2018.

BRANT, L. **Mercado cultural**: panorama crítico e guia prático para gestão e captação de recursos. São Paulo: Escrituras, 2001.

BRASIL. Constituição (1988). **Diário Oficial da União**, Brasília, DF, 5 out. 1988. Disponível em: <http://www.planalto.gov.br/ccivil_03/constituicao/constituicao.htm>. Acesso em: 23 ago. 2021.

BRASIL. Lei n. 8.313, de 23 de dezembro de 1991. **Diário Oficial da União**, Poder Executivo, Brasília, DF, 24 dez. 1991. Disponível em: <https://www.planalto.gov.br/ccivil_03/leis/l8313cons.htm>. Acesso em: 23 ago. 1991.

BRASIL. Lei n. 8.685, de 20 de julho de 1993. **Diário Oficial da União**, Poder Executivo, Brasília, DF, 21 jul. 1993. Disponível em: <https://www.planalto.gov.br/ccivil_03/leis/l8685.htm>. Acesso em: 23 ago. 1991.

BRASIL. Secretaria Especial da Cultura. **Lei de Incentivo à Cultura**. Disponível em: <http://leideincentivoacultura.cultura.gov.br/>. Acesso em: 23 ago. 2021.

BRIDGER, D. **Neuromarketing**: como a neurociência aliada ao design pode aumentar o engajamento e a influência sobre os consumidores. Tradução de Afonso Celso da Cunha Serra. São Paulo: Autêntica, 2017.

CATMULL, E. **Criatividade S.A.**: superando as forças invisíveis que ficam no caminho da verdadeira inspiração. Tradução de Nivaldo Montingelli Jr. Rio de Janeiro: Rocco, 2014.

CILETTI, D. **Marketing pessoal**: estratégias para os desafios atuais. Tradução de Lívia Koeppl. São Paulo: Cengage, 2017.

COELHO, T. **Dicionário crítico de política cultural**: cultura e imaginário. São Paulo: Iluminuras, 1997.

CUNHA, P. F. da; GRANERO, A. E. Marketing cultural: modalidades e estratégias de comunicação institucional. **R.E.C.**, n. 6, p. 1-13, jul./dez. 2008. Disponível em: <https://legacy.unifacef.com.br/rec/ed06/ed06_art03.pdf>. Acesso em: 23 ago. 2021.

DIAGNÓSTICO dos investimentos em cultura no Brasil. Belo Horizonte: Fundação João Pinheiro, 1998. v. 2. Disponível em: <https://culturaemnumeros.files.wordpress.com/2013/07/diagnosticos-dos-investimentos-em-cultura-no-brasil-vol-2.pdf>. Acesso em: 23 ago. 2021.

DIAS, R. **Marketing ambiental**: ética, responsabilidade social e competitividade nos negócios. 2. ed. rev. e ampl. São Paulo: Atlas, 2014.

DIAS, R. **Responsabilidade social**: fundamentos e gestão. São Paulo: Atlas, 2012.

DVS EDITORA. **5 dicas de marketing de conteúdo para escritores**. 21 mar. 2019. Disponível em: <https://blog.dvseditora.com.br/marketing-de-conteudo-para-escritores/>. Acesso em: 23 ago. 2021.

EMRICH, R. **Marketing pessoal e etiqueta profissional**: a arte do sucesso pessoal e profissional. Goiânia: Coleção dos Manuais, 1999.

FERRACCIÚ, J. de S. S. **Marketing promocional**: a evolução da promoção de vendas. 6. ed. São Paulo: Pearson, 2007.

FREIRE, C. **Arte conceitual**. Rio de Janeiro: Zahar, 2006.

GOMPERTZ, W. **Pense como um artista e tenha uma vida mais criativa e produtiva**. Tradução de Cristina e Iara Fino. Rio de Janeiro: Zahar, 2015.

GREFFE, X. **Arte e mercado**. Tradução de Ana Goldberger. São Paulo: Iluminuras; Itaú Cultural, 2013.

GRUNER, C. **História, economia, política e cultura no século XIX**. Curitiba: InterSaberes, 2019.

HAWKINS, D. I.; MOTHERSBAUGH, D. L. **Comportamento do consumidor**: construindo a estratégia de marketing. São Paulo: Elsevier, 2019.

HELLER, R. **Marketing pessoal**: a proposição específica do sucesso. São Paulo: Makron, 1991.

HOOLEY, G. J.; SAUNDERS, J. A.; PIERCY, N. F. **Estratégia de marketing e posicionamento competitivo**. Tradução de Robert Brian Taylor. 3. ed. São Paulo: Pearson, 2005.

INSTITUTO ETHOS. **Sobre o Instituto**. Disponível em: <https://www.ethos.org.br/conteudo/sobre-o-instituto/>. Acesso em: 23. ago. 2021.

IZIDORO, C. (Org.). **Economia e mercado**. São Paulo: Pearson, 2015.

JANIASKI, F. O produtor e o produto no teatro de grupo. **Urdimento**, n. 11, p. 68-77, dez. 2008. Disponível em: <https://www.revistas.udesc.br/index.php/urdimento/article/view/1414573102112008067/8876>. Acesso em: 23 ago. 2021.

KEEGAN, W. J. **Marketing global**. 7. ed. São Paulo: Pearson, 2005.

KERR, R. B. **Mercado financeiro e de capitais**. São Paulo: Pearson, 2011.

KOTLER, P. **Marketing essencial**: conceitos, estratégias e casos. Tradução de Sabrina Cairo. 2. ed. São Paulo: Pearson, 2005a.

KOTLER, P. **Marketing para o século XXI**: como criar, conquistar e dominar mercados. 12. ed. São Paulo: Futura, 2002.

KOTLER, P. **O marketing sem segredos**. Tradução de Bazan Tecnologia e Linguística. Porto Alegre: Bookman, 2005b.

KOTLER, P.; KELLER, K. L. **Administração de marketing**. Tradução de Sônia Midori Yamamoto. 12. ed. São Paulo: Pearson, 2006.

KOTLER, P.; KELLER, K. L. **Marketing essencial**: conceitos, estratégias e casos. Tradução de Sabrina Cairo. 5. ed. São Paulo: Pearson, 2013.

LEITE, F. C. **Teias trançantes**: o mercado cultural e as dinâmicas da cultura na contemporaneidade. Salvador: Edufba, 2007.

LINDER, L. Brasil caminha para maior crise econômica de sua história. **UOL**, 19 maio 2020. Disponível em: <https://economia.uol.com.br/noticias/redacao/2020/05/19/brasil-caminha-para-maior-crise-economica-de-sua-historia.htm>. Acesso em: 23 ago. 2021.

LIPPARD, L. R.; CHANDLER, J. A desmaterialização da arte. **Temáticas**, Rio de Janeiro, n. 25, p. 151-165, maio 2013. Disponível em: <https://www.ppgav.eba.ufrj.br/wp-content/uploads/2013/12/ae25_lucy.pdf>. Acesso em: 23 ago. 2021.

LISBOA FILHO, F. F.; CORRÊA, R. S.; VIEIRA, C. de A. Relações públicas e economia criativa: aproximações entre a atuação profissional e as demandas do mercado cultural. **Organicom**, v. 12, n. 23, p. 139-148, jul./dez. 2015. Disponível em: <https://www.revistas.usp.br/organicom/article/view/139302/134643>. Acesso em: 23 ago. 2021.

LISTENX LX. **6 estratégias de marketing inspiradas pelo mundo da música!** 6 set. 2016. Disponível em: <https://listenx.com.br/blog/6-dicas-de-estrategias-de-marketing/>. Acesso em: 23 ago. 2021.

LOEWE, D. **Multiculturalismo**: direitos culturais. Caxias do Sul: Educs, 2011.

MACHADO NETO, M. M. **Marketing cultural**: das práticas à teoria. Rio de Janeiro: Ciência Moderna, 2002.

MACHADO NETO, M. M. Marketing para as artes: a evolução do conceito de marketing cultural e a importância desse campo de atuação para o profissional de relações públicas. **Organicom**, v. 3, n. 2, p. 109-119, jul./dez. 2006. Disponível em: <https://docplayer.com.br/4718709-Marketing-para-as-artes-a-evolucao-do-conceito-de-e-a-importancia-desse-campo-de-atuacao-para-o-profissional-de-relacoes-publicas.html>. Acesso em: 23 ago. 2021.

MAGALHÃES, M. F.; SAMPAIO, R. **Planejamento de marketing**: conhecer, decidir e agir – do estratégico ao operacional. São Paulo: Pearson, 2007.

MANTECÓN, A. R. Acesso cultural e desigualdade: políticas para novos e antigos cenários cinematográficos na América Latina. In: CALABRE, L.; LIMA, D. R. (Org.). **Políticas culturais**: conjunturas e territorialidades. São Paulo: Itaú Cultural; Rio de Janeiro: FCRB, 2017. p. 10-32.

MARANHÃO, C. M. S. de A.; MOTTA, F. M. V. Marketing cultural é responsabilidade social empresarial? (Des)equilíbrio de forças entre mercado e sociedade. In: ENCONTRO DA ANPAD, 32., 2008, Rio de Janeiro. Disponível em: <http://www.anpad.org.br/diversos/down_zips/38/MKT-A617.pdf>. Acesso em: 23 ago. 2021.

MARQUES, A.; MATOS, H. (Org.). **Comunicação e política**: capital social, reconhecimento e deliberação pública. São Paulo: Summus, 2011.

MARQUES, I. A.; BRAZIL, F. **Arte em questões**. São Paulo: Cortez, 2014.

MARTIN, V. **Manual prático de eventos**: gestão estratégica, patrocínio e sustentabilidade. Rio de Janeiro: Elsevier, 2015.

MARTINS, R. R. **A terceira linguagem no cross-cultural marketing**: em busca de uma linguagem mercadológica para o século XXI. Londrina: Eduel, 2011.

MENDES, R. M. da R. Marketing cultural, responsabilidade social e serviço de assessoria jurídica universitária. In: SEMANA CIENTÍFICA DA UNILASALLE, 12., 2016, Canoas. Disponível em: <https://anais.unilasalle.edu.br/index.php/sefic2016/article/viewFile/323/266>. Acesso em: 23 ago. 2021.

MIRANDA, A. P. A.; LUCENA FILHO, S. A. de **O poder da empatia**: comunicação e marketing cultural em cenários de negócios. Curitiba: Appris, 2019.

MISZPUTEN, F. **Patrocínio à cultura**: do marketing cultural à responsabilidade social. Dissertação (Mestrado em Bens Culturais e Projetos Sociais) – Fundação Getulio Vargas, Rio de Janeiro, 2014. Disponível em: <http://bibliotecadigital.fgv.br/dspace/handle/10438/13036>. Acesso em: 23 ago. 2021.

OCVIRK, O. G. et al. **Fundamentos de arte**: teoria e prática. Tradução de Alexandre Salvaterra. 12. ed. Porto Alegre: AMGH, 2014.

OGDEN, J. R.; CRESCITELLI, E. **Comunicação integrada de marketing**: conceitos, técnicas e práticas. Tradução de Cristina Bacellar. 2. ed. São Paulo: Pearson, 2007.

PATEL, N. **Marketing cultural**: o que é e como fazer? (+3 exemplos). Disponível em: <https://neilpatel.com/br/blog/marketing-cultural/>. Acesso em: 23 ago. 2021.

PAULA, R. M. de. **Teatro e público**: a comunicação como aliada do consumo da cultura. Trabalho de Conclusão de Curso (Graduação em Comunicação Social) – Universidade Federal do Paraná, Curitiba, 2017. Disponível em: <https://acervodigital.ufpr.br/bitstream/handle/1884/48578/TEATRO%20E%20PUBLICO%20A%20COMUNICACAO%20COMO%20ALIADA%20DO%20CONSUMO%20DE%20CULTURA.pdf?sequence=1&isAllowed=y>. Acesso em: 23 ago. 2021.

PAULINO, V. 10 dicas de marketing para artistas e músicos. **Discmidia**, 14 jan. 2020. Disponível em: <https://www.discmidia.com.br/marketing-musical/10-dicas-de-marketing-para-artistas-e-musicos/>. Acesso em: 23 ago. 2021.

PERSEGUINI, A. dos S. (Org.). **Responsabilidade social**. São Paulo: Pearson, 2015.

PORTELLA, F. **50 dicas de marketing cultural**. Disponível em: <https://bibliotecas.sebrae.com.br/chronus/ARQUIVOS_CHRONUS/bds/bds.nsf/293EF3CF0436470C832574A30069F7A3/$File/NT00038BFA.pdf>. Acesso em: 23 ago. 2021.

RAMIREZ, C. G. Marketing cultural. **Revista Escuela de Administración de Negocios**, Bogotá, n. 60, p. 123-146, maio/ago. 2007. Disponível em: <https://www.redalyc.org/pdf/206/20606007.pdf>. Acesso em: 23 ago. 2021.

READE, D. et al. (Org.). **Marketing**: novas tendências. São Paulo: Saraiva, 2016. (Coleção Marketing em Tempos Modernos).

REIS, A. C. F. **Marketing cultural e financiamento da cultura**: teoria e prática em um estudo internacional comparado. São Paulo: Cengage, 2003.

RITOSSA, C. M. **Marketing pessoal**: quando o produto é você. Curitiba: InterSaberes, 2012.

RUBIM, A. A. C. Dos sentidos do marketing cultural. **Revista Brasileira de Ciência da Comunicação**, São Paulo, v. 21, n. 1, p. 141-149, jan./jun. 1998. Disponível em: <https://bit.ly/3djvizp>. Acesso em: 23 ago. 2021.

RUBIM, A. A. C. Políticas culturais no Brasil: desafios contemporâneos. In: CALABRE, L. (Org). **Políticas culturais**: olhares e contextos. São Paulo: Itaú Cultural; Rio de Janeiro: FCRB, 2015. p. 11-21.

SALLES, C. A. **Gesto inacabado**: processo de criação artística. 3. ed. São Paulo: Annablume, 2007.

SANTI, Á. Informação para as políticas culturais: o papel dos observatórios em governos locais. In: CALABRE, L.; LIMA, D. R. (Org.). **Políticas culturais**: conjunturas e territorialidades. São Paulo: Itaú Cultural; Rio de Janeiro: FCRB, 2017. p. 82-95.

SEGET – Simpósio de Excelência em Gestão e Tecnologia. Responsabilidade social e responsabilidade cultural da empresa. **Anais**... Rio de Janeiro: AEDB, 2008. Disponível em: <https://www.aedb.br/seget/arquivos/artigos09/300_Responsabilidade_Social_e_Responsabilidade_Cultural_da_EmpresaSeget_09.pdf>. Acesso em: 23 ago. 2021.

SHUSTERMAN, R. **Vivendo a arte**: o pensamento pragmatista e a estética popular. Tradução de Gisela Domschke. São Paulo: Ed. 34, 1998.

SIQUEIRA, M.; SEMENSATO, C. Megaeventos e políticas culturais. In: CALABRE, L. (Org.). **Políticas culturais**: informações, territórios e economia criativa. São Paulo: Itaú Cultural; Rio de Janeiro: FCRB, 2013. p. 20-27.

SOUZA, M. C. de. **Sociologia do consumo e indústria cultural**. Curitiba: InterSaberes, 2017.

SWAIN, R. W. **A estratégia segundo Drucker**: estratégias de crescimento e insights de marketing extraídos da obra de Peter Drucker. Tradução de Ana Beatriz Gonçalves. Rio de Janeiro: LTC, 2011.

TEIXEIRA, C. A cultura da acessibilidade: desafios à produção artística brasileira. **Revista do Centro de Pesquisa e Formação**, n. 6, p. 9-22, jun. 2018. Disponível em: <https://www.sescsp.org.br/files/artigo/cacf8534/2794/4170/9c60/cd8896dd791d.pdf>. Acesso em: 23 ago. 2021.

THORNTON, S. **O que é um artista?** Tradução de Alexandre Barbosa de Souza. Rio de Janeiro: Zahar, 2014.

TOKARNIA, M. Brasil perde 4,6 milhões de leitores em quatro anos. **Agência Brasil**, 11 set. 2020. Disponível em: <https://agenciabrasil.ebc.com.br/educacao/noticia/2020-09/brasil-perde-46-milhoes-de-leitores-em-quatro-anos>. Acesso em: 23 ago. 2021.

TYBOUT, A. M.; CALDER, B. J. (Org). **Marketing**. Tradução de Cristina Yamagami. São Paulo: Saraiva, 2014.

VICÁRIO, F. Os novos modos de consumir cultura e as velhas políticas ministeriais: desencontros e transformações. In: CALABRE, L. (Org). **Políticas culturais**: olhares e contextos. São Paulo: Itaú Cultural; Rio de Janeiro: FCRB, 2015. p. 22-31.

Bibliografia comentada

ALMEIDA, C. J. M. de. **A arte é capital**: visão aplicada do marketing cultural. Rio de Janeiro: Rocco, 1993.

O livro retrata os desafios enfrentados pelo marketing cultural no mercado e como muitos empresários desconhecem essa estratégia, demonstrando como beneficia a sociedade com a arte e a cultura por meio de projetos/eventos patrocinados por empresas – o que, para alguns, é a única possibilidade de contato com a cultura. Ademais, a obra enfatiza que esse marketing requer práticas diferenciadas e mostra a operacionalização dos métodos a serem adotados.

BRANT, L. **Mercado cultural**: panorama crítico e guia prático para gestão e captação de recursos. São Paulo: Escrituras, 2001.

Considerando o mercado competitivo, o livro apresenta uma análise das leis de incentivo cultural e enfoca desde a elaboração de projetos até o aspecto social intrínseco ao investimento em cultura. Além disso, aborda o patrocínio das empresas privadas em projetos culturais e, de outro lado, o governo com seus incentivos e demais políticas.

DIAS, R. **Responsabilidade social**: fundamentos e gestão. São Paulo: Atlas, 2012.

O livro ajuda empresas a pensar na sociedade e implantar benefícios para ela, o que é fundamental em projetos culturais. Outrossim, trata do conceito de responsabilidade e demonstra sua aplicabilidade em organizações como importante ferramenta de gestão.

KOTLER, P.; KELLER, K. L. **Administração de marketing**. Tradução de Sônia Midori Yamamoto. 12. ed. São Paulo: Pearson, 2006.

Esse livro é considerado a "bíblia" do marketing e foi elaborado por dois autores consagrados: Philip Kotler, considerado o pai do marketing, e Kevin L. Keller, conhecido pela autoria estratégica, tendo publicado diversos livros sobre gestão de marcas. A obra versa sobre como a administração de marketing possibilita antecipar tendências de mercado, bem como discute premissas básicas da área e a inovação constante.

MACHADO NETO, M. M. **Marketing cultural**: das práticas à teoria. Rio de Janeiro: Ciência Moderna, 2002.

A obra contempla desde os conceitos de marketing cultural até sua aplicabilidade em empresas com a pretensão de auxiliar a sociedade. É considerada um mergulho na problemática produção cultural e classifica diferentes modalidades de marketing cultural, reforçando a prática de apoio à arte para a melhoria da imagem institucional de empresas.

Sobre as autoras

Dayanna dos Santos Costa Maciel é graduada em Administração (2010) pela Universidade Federal de Campina Grande (UFCG), mestra em Recursos Naturais (2014), com ênfase em Sustentabilidade e Competitividade, pela mesma instituição e mestra em Administração (2019) pela Universidade Federal da Paraíba (UFPB). Foi pesquisadora do Grupo de Estratégia Empresarial e Meio Ambiente (Geema) na linha de pesquisa Estratégia Ambiental e Competitividade, com ênfase em Modelos e Ferramentas de Gestão Ambiental, investigando, principalmente, os seguintes temas: administração geral e gestão ambiental. É pesquisadora do Grupo de Estudos em Gestão da Inovação Tecnológica (Egits/UFCG) na linha de pesquisa Inovação e Desenvolvimento Regional I, com foco nos seguintes temas: administração geral, gestão da inovação e desenvolvimento regional. Atualmente, é professora substituta no curso de Administração da Unidade Acadêmica de Administração de Contabilidade (Uaac) da UFCG.

Flávia Helena de Almeida Spirlandeli é graduada em Administração de Empresas pelo Centro Universitário Municipal de Franca (Uni-Facef) e pós-graduada em Administração Geral pela Universidade Paulista (Unip). Atualmente, cursa pós-graduação em Pedagogia Universitária pela Universidade Federal do Triângulo Mineiro (UFTM) e pós-graduação em Educação a Distância 4.0. Concluiu os cursos de Formação de Tutores pela Universidade do Estado da Bahia (Uneb), Tutoria em EaD pela Universidade Federal Fluminense (UFF) e Como Ensinar a Distância (curso de aperfeiçoamento) pelo Centro Universitário Leonardo da Vinci (Uniasselvi). Autora de diversos artigos científicos nas áreas administrativa e educacional, realizou projeto integrador pela Universidade Virtual do Estado de São Paulo (Univesp). Durante quase cinco anos, atuou na gestão de pessoas, com recrutamento e seleção, treinamento e desenvolvimento e implantação do processo de cargos e salários. Além disso, foi professora do ensino técnico nas áreas de administração, organização de sistemas e métodos e recursos humanos. Atua há mais de 10 anos em uma instituição financeira brasileira de grande porte.

Impressão:
Novembro/2021